知覺之門

THE DOOR OF PERCEPTION

阿道斯・赫胥黎（Aldous Huxley）著
吳妍儀 譯

知覺之門

THE DOOR OF PERCEPTION

目錄

【推薦序】

造訪心靈的對蹠點

藝術家　陳瀅如

當出版社邀請我為本書寫序時，正逢我的新作品創作中。這件新作再次與意識有關，是我研究意識擴張的可能性並投身嘗試多年後，第一次在沒有任何外力（例如巫儀）介入下，持續讀誦《地藏菩薩本願經》之時忽然意識擴張並看到地獄幻像，因而啟發我試圖再現這個幻像於作品中。

不知是巧合還是宇宙的安排？或是心靈的召喚？赫胥黎在文中提到：「巫醫、薩滿巫師的吟唱；基督教僧侶與佛教僧侶無止盡的聖歌演唱與誦經；信仰復興布道會參與者一小時又一小時的大吼大叫」[1]，以及「長時間呼吸暫停導致

1　附錄一。

肺部與血液中有高濃度的二氧化碳，而這樣的二氧化碳濃度增加，降低了大腦作為化約活門的效率，並且容許幻視或神祕經驗從『外界』進入意識中。」[2]頓時，我似乎更加理解幽微意識的運作方式。

／

在我看來，《知覺之門》和《天堂與地獄》算是相當精彩的藝術評論。赫胥黎藉由致幻劑帶來的靈性啟發、哲學觀點，以及科學論點切入，用以分析並脈絡化為數可觀的經典畫作。除了驚嘆於作者的深厚文化涵養外，我也對以往學習的東西方繪畫史有了嶄新的看法。例如赫胥黎對風景畫的解讀：「風景是幻視經驗的常見特徵」[3]（我怎麼從來沒想過這個可能性呢？），對比東西

2 同上

3 《天堂與地獄》。

方風景畫投射出心之嚮往的差異性，東方的禪意表達與西方的特寫描繪，一遠一近，他梳理：「我注視著宋朝風景畫的時候，我想起了（或者是我的其中一個『非我』想起了）心靈對蹠點的峭壁、一望無際的平原、發光的天空與海洋。」，以及「盧梭的叢林中……我注視著那些葉子，上面有它們的葉脈結構，它們的條紋與雜色斑點；我凝望著交織綠葉的深處，而我體內的某樣東西想起了那些鮮活的圖樣……這特色就是來自幻視世界，來自那些轉變成物體的幾何形式無止盡的誕生與增殖……」[4]。

在我以往的幻視經驗中，一幕幕的遠近風景在我眼前出現；我飛過曠野與山脈，河流與森林，沙漠與甘蔗田，我鑽進發光樹木的根部，沿著樹根我走向冰原，而我確實也把這歷歷在目的景象畫了下來。赫胥黎整合了幻視經驗與風景畫歷史，帶領讀者檢視自己心靈深處的那片風景，不僅如此，他讓一位科班出身、看到東西方繪畫史只想到以往藝術學院生活的我，得以完全不同的角度

4《天堂與地獄》。

理解過往的一幅幅經典風景畫作。那是藝術家們心靈的對蹠點，而這些畫作也激發了觀賞者靈魂中的神性。

「幾乎時時刻刻，幾乎每個人身上都有從自我與環境中逃避的衝動。」[5]

「想超越有自覺自我的衝動……是靈魂的一種主要慾望。」[6]

三年前，當新冠疫情爆發之初，我於網路上看到一則迷因：「If you can't go outside, go inside.」（如果你不能外出，就向內探索），我試著去體悟這句話。反思疫情之前，只要有機會我會立刻打包行囊往外飛去，除了工作之外，也為了心中某種不可名狀的救贖，但救贖什麼呢？我不知道，這個沒有題目的

5 《知覺之門》。

6 《知覺之門》。

答案似乎就在外頭，在這座島嶼之外，它一定在世界的某處。

困在家中的我嘗試一些靈肉分離的方法，諸如靜坐、齋戒夢境、巫儀等等，很快地我便發現，閉上眼睛，我視覺（或是心靈）所及的地方更加遼闊，甚至看到如同詩人藝術家威廉·布雷克所形容的「神奇原物」[7]。當下心靈有一種好奇心被滿足的感覺：「從向外的感覺撤退到個人潛意識，進入一個比有意識人格的世界更骯髒、更緊密封閉的心靈世界裡。」[8]我曾經親眼目睹了自己的心靈有多麼骯髒，我看到自己變成一袋被密封住的髒水，這袋髒水漂浮在幽冥的宇宙之流中，但又因為如此，我反而產生更多的疑問：「我該如何戳破那透明袋子，將這些髒水倒掉？」我的內在宇宙沒有給我答案，然而反觀尋常意識中的我，這三年的生活卻歷經一些巨大改變；一些人、事、物我必須要放下，以及最終不得不放手。

7 《知覺之門》。

8 《知覺之門》。

我被救贖了嗎？我的心靈還沒給我答案，反應在現實生活中也沒有。也許就像赫胥黎說的；「麥斯卡林體驗就是天主教神學家所謂的『無由的恩寵』，並不必然達到救贖，卻有潛在幫助，如果可以取得，就要感激地接受。」[9]

／

我看著即將完成的新作品，在沒有系統、一團混亂，甚至意興闌珊的情境下塗鴉幾個月後，就在接近完成的此時此刻，突然天降這本《知覺之門》，讓那混沌未分的思維清晰起來，我因此有了全新的領悟：原來我的意識、作品，早已帶領著我繼續前進。

---

9 《知覺之門》。

知覺之門

一八八六年，德國藥理學家路易斯．列文（Louis Lewin）出版了第一篇有系統的仙人掌研究，他的姓氏因此被用來命名這種植物。Anhalonium Lewinii對科學界來說是新的；對於原始宗教、還有墨西哥與美國西南部的印地安人來說，它則是歷史極端悠久的老朋友。說真的，它遠遠不只是一位朋友。新世界的某位早期西班牙訪客這麼說：「他們吃那些稱為烏羽玉（peyote）的草根，而且對它敬若神明。」

為何他們竟會對它敬若神明？在像是簡恩施[1]、哈維洛克．艾利斯[2]與韋爾．米契爾[3]這樣卓越的心理學家，開始對烏羽玉的有效成分麥斯卡林（mescalin）做實驗的時候，就變得昭然若揭了。的確，他們對它的態度遠遠

1 簡恩施（Erich Rudolf Jaensch，1883-1940）德國心理學家。（本書所有插入註解若無特別說明皆為譯註。）

2 哈維洛克．艾利斯（Havelock Ellis，1859-1939）英國性學研究者，也是迷幻藥研究先驅。

3 韋爾．米契爾（Silas Weir Mitchell，1829-1914）美國醫師、科學家、小說家兼詩人，醫學神經科學研究先驅。

不及偶像崇拜的程度；但所有人一致同意，麥斯卡林是有獨門特徵的藥物。若適量施用，比起藥劑師手邊可用的任何其他藥物，它會更深刻地改變意識的性質，但毒性卻更低。

從列文與哈維洛克．艾利斯的時代開始，麥斯卡林的研究時有時無地發展著。化學家不只是分離出生物鹼，他們學會了如何合成，所以生物鹼的供應不再仰賴斷續零星地收割沙漠仙人掌。精神科醫師把麥斯卡林用在自己身上，希望能藉此對病患的心理歷程有更好的第一手理解。不幸的是，心理學家只能在太狹隘的環境條件下，對太少的受試者工作，而他們已經觀察到這種藥最驚人的某些效果，也編目做了記錄。神經學家與生理學家，對於麥斯卡林在中樞神經系統上的作用機制已略有所知。而至少有一位專業哲學家曾經服用麥斯卡林，為的是它可能對古老的未解謎題，像是心靈在自然界的地位、還有腦與意識之間的關係帶來啟發。

發展在此停滯，一直到兩三年前，才有人觀察到一個或許極度重要的新事實[4]，其實已經明擺在所有人眼前好幾十年了，結果卻沒有任何人注意到，直到一位目前在加拿大執業的年輕英國精神科醫師，發現麥斯卡林與腎上腺素在化學組成上有緊密的相似性。進一步的研究揭露，麥角酸（lysergic acid），即麥角中衍生出的極端強效致幻劑，和前述物質之間有結構上的生化關係。接踵而至的發現是，腎上腺素分解後的產物——腎上腺素紅（adrenochrome），可以製造出麥斯卡林中毒時會觀察到的許多症狀。不過腎上腺素紅可能會在人體內自然出現。換句話說，我們每個人或許都有能耐製造出一種化學物質，已知

---

4 作者註：請參見下列論文：“Schizophrenia: A New Approach.” By Humphry Osmond and John Smythies. Journal of Mental Science. Vol. xcviii. April 1952.
“On Being Mad.” By Humphry Osmond. Saskatchewan Psychiatric Services Journal. Vol. i. No. 2. September 1952.
“The Mescalin Phenomena.” By John Smythies. The British Journal for the Philosophy of Science. Vol. iii. February 1953.
“Schizophrenia: A New Approach.” By Abram Hoffer, Humphry Osmond and John Smythies. The Journal of Mental Science. Vol. c. No. 418. January 1954.
關於思覺失調症與麥斯卡林現象的生化學、藥理學、心理學以及神經生理學，還有許多其他論文正準備發表。

只要微量就能導致意識的深刻變化。有些改變跟二十世紀最有特色的瘟疫——思覺失調症發生的變化相似。這種心理失調的原因在於化學失調嗎？而這種化學失調本身，又是因為精神痛苦影響到腎上腺嗎？要肯定此說太過躁進，時機尚未成熟。我們頂多只能說，在此有某種表面上證據確鑿的說法。同時，偵探們——生化學家、精神科醫師與心理學家——正在追蹤，並有系統地跟進這條線索。

透過一連串對我來說極端幸運的環境條件，我在一九五三年春天發現自己正好跟那條追蹤路徑交錯。其中一位偵探來到加州洽公。儘管麥斯卡林研究已有七十年，他能自由運用的心理學素材仍然貧乏到荒謬的程度，而他急於增補。我恰好在場又有意願，說實話是很渴望當個實驗品。所以事情就這樣發生，在一個晴朗的五月早晨，我吞下溶解在半杯水中的十分之四克麥斯卡林，然後坐下來等待結果。

我們共同生活，對彼此做出行動與反應；但在所有情況下，我們總是自己孤獨一人。烈士們攜手走進競技場，他們是獨自犧牲。在擁抱中，戀人們急切地嘗試把他們孤立的狂喜，熔接成單一的自我超越；終歸徒勞。就其本質而言，每個占據實體的靈魂都不幸地注定在孤寂中受苦與享樂。感官知覺、感情、洞見、幻想——這一切都是私密的，而且除非透過象徵符號與二手傳播，否則無可溝通。我們可以匯聚關於經驗的資訊，卻絕對無法匯聚經驗本身。從家庭到國家，每個人類群體都是由一個個孤島宇宙構成的社會。

大多數孤島宇宙彼此足夠相似，能夠容許來自推論的理解，甚至是相互同理或者「深入感受」。因此，藉由記得自己的喪亡之痛與羞辱，我們可以慰問處於相似情境的他人，可以讓自己跟他人換位思考（當然，總是在有點匹克威克式[5]的意義上如此）。不過在某些例子裡，宇宙之間的溝通是不完全、甚或是不存在的。心靈就是它自己的寓所，而瘋狂之人與天賦異稟之人占據的地方，

5 Pickwickian有兩種意義，其一指的是像狄更斯作品《匹克威克外傳》（*Pickwick Papers*）主角那樣天真善良，其二是錯誤使用字詞（尤其是為了避免冒犯他人而刻意誤用），在本文中採用的是第二個意思，意味著我們的換位思考不免有誤。

跟普通男女的生活之地極其不同，以至於鮮少有、或者根本沒有記憶中的共同立場，可以當成理解或者同儕情感的基礎。話語被說出口，卻沒能帶來啟發。象徵符號指涉到的物品與事件，屬於相互排除的經驗領域。

能從別人看我們的角度來看待自身，是最有益身心的天賦。幾乎一樣重要的，就是能從別人看待自身的角度來看待他們。不過要是他人屬於不同的物種，而且居住在一個性質極端相異的宇宙呢？舉例來說，神智正常之人如何能夠得知瘋狂實際上感覺像什麼？或者說，如果不是以幻視者、靈媒或者音樂天才的身分重生，我們如何能夠造訪布雷克、史威登堡、巴哈視為家園的世界？而一個達到瘦型體質與頭腦優勢型極限的人，如何可能讓自己和達到肥胖體質與內臟優勢型極限的人換位思考？或者，除非在某些有限範圍內，他要如何分享一個達到肌肉體質與體力旺盛型極限的人的感受？[6]對於毫不妥協的行為主義

6 美國心理學家威廉·赫伯特·謝爾頓（William Herbert Sheldon，1898-1977）把人類體質分成三種，並且跟性格特徵有關：肥胖體質多半外向友善但懶惰自私，屬於內臟優勢型人格；瘦型體質多半聰明溫和但內向易焦慮，屬於頭腦優勢型人格；肌肉體質多半外向、樂於競爭又強悍，屬於

者，我想這樣的問題是毫無意義的。不過，有人從理論上相信他們知道在實際應用上為真的事——也就是說，經驗有內部也有外部——對他們來說，這裡提出的問題是真正的問題；而且，因為其中一些問題完全無法解決，有些問題只能在例外狀況下，透過不是人人可用的方法才能解決，事態就更加嚴重了。因此，看來實質上可以確定，我永遠不會知道身為約翰．福斯塔夫爵爺[7]或重量級拳王喬．路易斯[8]是什麼感覺。另一方面，我似乎總是可能透過例如有系統的冥想或服用適當藥物等手段，來催眠或自我催眠，就這樣改變我的日常意識模式，以便能夠從內部得知幻視者、靈媒、甚至神祕主義者在談論的是什麼。

根據我讀到的麥斯卡林體驗內容，我事前就確信這種藥物會允許我進入布

體力旺盛型人格。多數人是不同體質的混合。

7 約翰．福斯塔夫爵爺（Sir John Falstaff）是莎士比亞筆下的一位丑角，出現在他的四個劇本裡：《亨利四世（上）》、《亨利四世（下）》、《亨利五世》與《溫莎的風流婦人》，原本是哈爾王子（後來的亨利五世）身邊的玩伴，是個浮誇愛吹牛的胖武士。

8 喬．路易斯（Joe Louis，1914-1981）是美國重量級拳王，至今仍是史上連續衛冕冠軍時間最長的拳擊手。

雷克[9]與AE[10]描繪過的那種內在世界，至少待個幾小時。但我所期待的事情並未發生。我本來預期我會閉上雙眼躺下來，注視著種種幻象：多色的幾何物體，滿是寶石、美妙得驚人又生氣蓬勃的建築，充滿了英雄人物的風景，永遠在終極天啓邊緣顫動的象徵性戲劇場面。但很明顯的是，我沒考量到我的心理構造特徵，我實際上的性情、訓練與習慣。

我是個很不擅長視覺化想像的人，而且從我有記憶以來就一直如此。文字，甚至是詩人寓意深長的文字，並不會召喚出我心中的圖畫。在睡夢邊緣，不會有入睡幻覺迎接我。在我回憶起某件事的時候，記憶不會以明晰可見的事件或物體的形狀，自動出現在我面前。靠著意志的努力，對於昨天下午發生的

9 威廉．布雷克（William Blake，1757-1827）英國詩人、畫家兼版畫家，作品有浪漫主義與神祕主義色彩。

10 AE本名喬治．威廉．羅素（George William Russell，1867-1935），是愛爾蘭作家、畫家兼神祕主義者。

事、朗加諾[11]在橋梁被摧毀以前的原貌、貝斯沃特路[12]只有極小的綠色公共馬車，靠著老馬以三哩半時速拖行的時代，我是可以喚起不怎麼鮮明的影像。但這樣的影像沒什麼實質性，而且絕對沒有自己的自主生命。它們跟真實可知覺物體之間的關係，就等同於荷馬筆下處於陰影中的鬼魂，跟來探視它們的血肉之軀之間的關係。只有在我發高燒的時候，我的心像才會開始有獨立的生命。對於那些視覺化機能很強的人來說，我的內在世界必定看來單調乏味、限制重重又無趣得奇怪。就是這個世界——一個可憐玩意，卻是我自己的——我原本期待能看到它脫胎換骨，變成某種完全不像它自己的東西。

實際發生在那個世界裡的改變，絕非革命性的。吞下藥物後半小時，我開始覺察到一種金色光線的緩慢舞蹈。稍晚一些，出現了奢華的紅色表面，從

11 朗加諾（Lungarno）義大利文原意是指亞諾河旁的堤岸或道路，很多不同街道名稱都會帶上這個名詞，在這裡特別指佛羅倫斯的堤岸；在一九四四年八月三日，撤退的納粹軍隊為了阻止同盟國聯軍進城，把佛羅倫斯大部分的橋梁都炸毀了，只有老橋（Ponte Vecchio）倖免，其他橋梁則在戰後陸續重建。

12 貝斯沃特路（Bayswater Road）是在倫敦海德公園北側邊緣上的大道。

明亮的能量節點上膨脹起來，並且往外擴張；這能量節點顫動著，有種持續改變而有模式的生命。在另一個時刻，我閉起的眼睛揭露了一個灰色結構的複合體，裡面有淡藍色調的球體不斷浮現，變成密集的固體，而且在浮現之後，會無聲無息地往上，滑出視線之外。但無論何時，都沒有人或動物的臉或形體。我沒看到風景，沒看到巨大的空間，沒有建築物神奇的生長與變形，也沒有任何東西跟戲劇或寓言沾得上邊。麥斯卡林讓我進入的他界不是幻視的世界；它存在於外，在我能夠睜眼看到的事物之中。那巨大的改變是在客觀事實的領域。發生在我主觀宇宙中的事情，相對來說並不重要。

我在十一點吃下藥丸。一個半小時之後，我坐在書房裡，專注地看著一只小玻璃花瓶。這花瓶裡只放了三朵花——一朵盛開的葡萄牙美人玫瑰，是貝殼粉紅色，在每片花瓣基底都有一抹更火熱如焰的色調；一朵洋紅色混合奶油色的大康乃馨；還有一朵醒目如紋章般的鳶尾花，斷掉的花莖末端是淺紫色的。湊巧而暫時地，這小小的芳香花束打破了所有傳統好品味的規則。那天的早餐時間，這花束的色彩中生氣蓬勃的不協調曾經讓我驚豔。但那不再是重點了。

我現在不是在看不尋常的花朵配置。我在看的，是亞當在他被創造的當天早晨所見之物——赤裸裸的存在奇蹟，一刻接著一刻。

「還算愉快嗎？」有人這麼問。（在實驗的這個部分，所有對話都用一台錄音機記錄下來，讓我有可能重溫記憶，想起我說了什麼話。）

「不能說愉快但也不是不愉快，」我回答道：「就只是如其所是。」

Istigkeit（存在狀態）——這不就是艾克哈特大師[13]愛用的詞彙嗎？「本然」（Is-ness）。就是柏拉圖哲學中的存在（Being）——只是柏拉圖似乎犯下了龐大而怪誕的錯誤，把存在與變異（becoming）分離開來，並且把它等同於觀念（Idea）的數學抽象性。這個可憐人，他永遠不可能看到一束閃耀著自身內在光芒的花朵，這些花朵所擔負的意義造成的壓力，讓它們差點就要顫動起來；他永遠不可能認知到，這樣強烈被凸顯出來的玫瑰、鳶尾花與康乃馨，不

13 艾克哈特大師（Meister Eckhart，約西元1260-1328），是德國天主教神學家、哲學家兼神祕主義者。

多也不少，就是它們自己——一種無常卻有永恆生命之物，一個不斷在凋零、同時又很純粹的存在，一束微小、獨特的殊相，透過某種無可言說卻又自明的悖論，可以從中看到所有存在的神聖源頭。

我繼續注視著花朵，而在它們活生生的光芒中，我似乎探測到性質上等同於呼吸的東西——然而這是一種不會回歸到起點的呼吸，沒有週期性的退潮，只是重複地從美流向更強化的美，從較深層的意義流向甚至更深層的意義。像是神恩（Grace）與變容[14]這樣的詞彙湧上我心頭，且不說別的，這些詞彙代表的當然是這種狀態。我的眼睛從玫瑰遊走到康乃馨，然後從羽毛似的白熱，轉向有知覺的紫水晶形成的光滑渦卷——其實是鳶尾花。榮福直觀[15]、Sat Chit

14 變容（transfiguration）是宗教用語，指的是形貌上徹底改變，通常是變成一種更美麗、更有靈性的狀態。

15 榮福直觀（Beatific Vision）是天主教神學中的一種觀念，指的是人對神最終最直接的溝通：直接面對神，這是無比的榮耀與喜悅。

Ananda，也就是「在、覺、樂」[16]——這是我的第一次，不是在口語的層次上，不是靠初步的暗示或隔著一段距離，而是精確且完整地理解到那些了不起的音節指涉到什麼。然後我記起我在鈴木大拙某篇文章裡讀到的段落。「佛的法身是什麼？」（「佛的法身」是心、真如、空性、神性的另一種說法。）這個問題是位誠懇又困惑的初學者在一間禪寺裡提出的。大師以喜劇演員馬克斯兄弟那種敏捷的顧左右而言他，這麼回答：「是花園盡頭的籬笆。」這位初學者疑惑地探究：「容我請問，那麼領悟這個真理的人，是什麼人呢？」這位葛魯喬[17]用他的拐杖猛打他的肩膀，然後回答道：「一隻金鬃毛獅。」

我以前讀到這個故事時，它只是寓意模糊的一段胡言亂語。現在它明若白晝，就像歐幾里德幾何學那樣明顯。佛的法身當然是花園盡頭的籬笆。在此同時，一樣昭然若揭的是，它就是那些花朵，它就是我——或者不如說是那蒙

16 更口語的說法是「存在、意識、極樂」。

17 葛魯喬・馬克斯（Groucho Marx，1890-1977）是知名喜劇家族組合馬克斯兄弟中的老三。這裡是拿來當成譬喻。

福的「非我」，暫時從我自己令人窒息的擁抱中釋放出來——想注視的任何事物。舉例來說，我書房四壁上成排的書本。就像花朵一樣，在我注視它們的時候，閃耀著光芒，有更明亮的顏色，還有更深沉的意義。紅色的書像是紅寶石；綠寶石做的書；用白玉裝訂的書；瑪瑙、海藍寶石、黃玉做的書；青金石做的書，那色彩如此濃烈，有如此深入本質的意義，以至於它們似乎就快要離開書架，更堅持要自己擠上前，激起我的注意。

「那空間關係呢？」當我注視著書本時，調查員問道。

這很難回答。的確，透視看起來相當古怪，而房間四壁看起來不再是以直角相交。不過這些並不是真正重要的事實。真正重要的事實是，空間關係已不再是非常重要的了，而我的心靈是以空間範疇之外的方式在認知世界。尋常時候，眼睛關注的是這樣的問題：哪裡？——有多遠？——跟什麼東西的相對位置為何？在麥斯卡林經驗裡，眼睛回應的隱含問題屬於另一種層級。地點與距離不再引起太大興趣。心靈是根據存在的強烈程度、意義的深刻程度、在一個模式中的關係，來做知覺的工作。我看到了那些書，不過完全不關心它們在空間中的位置。我注意到的，自動銘刻在我心靈上的是：它們全都閃耀著生氣蓬勃的光，而某些書上的榮光，比在其他書上的更明顯。在這個脈絡下，位置與三個維度都不是重點。當然，這不是說空間範疇被廢棄。我可以相當正常地起身到處走動，不至於誤判物體的所在位置。空間仍然在那裡，但失去了它的主導地位。心靈主要關注的不是尺度與位置，而是存在與意義。

而且隨著空間變得無關緊要，還出現一種對時間的淡漠，甚至還更加徹底。

「似乎多的是，」在研究人員要我說明我對時間的感覺時，我願意回答的就只有這一句。

時間多的是，但確切來說有多少，是完全不相干的。當然，我可以看手錶；但我知道，我的手錶在另一個宇宙裡。我的實際經驗在先前與當時都是一段不確定的延續，或者是一個永久的現在，由一個持續改變的天啓所構成。

調查員把我的注意力從書本轉移到家具上。一張小打字桌站在房間中央；從我的視角看去，在它後面是一把竹編椅，椅子後面則是一張書桌。這三件家具形成一個由水平線、直立柱與對角線構成的複雜圖樣——這個圖樣因為不是透過空間關係來詮釋，顯得更加有趣了。打字桌、椅子跟書桌一起湊成一個作品，像是出自布拉克[18]或胡安．格里斯[19]之手的某種東西，一幅可以看出跟客觀世界相關的靜物畫，卻被描繪得缺乏景深，完全沒達到照相式的寫實主義。我注視著家具，不是以一個必須坐在椅子上、在書桌或桌子上才能寫作的效益主義者身分去看，也不是以攝影師或科學記錄者的身分看，而是個純粹的美學家，關注的只有形式，還有它們在視野中或者繪畫空間中的關係。但在我觀看時，這種純粹美學式的立體主義者視角，就讓位給我只能描述成「現實的聖禮式幻視」的東西。我回到注視花朵時所在的地方——回到一個一切都閃耀著內在之光，而且意義無窮無盡的世界。舉例來說，那張椅子的腿——它們的管狀性質多麼神奇，它們泛著光澤的平滑性多麼超自然！我花了好幾分鐘——或

18 喬治．布拉克（Georges Braque，1882-1963）是法國立體主義畫家兼雕塑家。

19 胡安．格里斯（Juan Gris，1887-1927，本名José Victoriano González-Pérez）是在法國工作的西班牙立體主義畫家。

者是好幾世紀？——不只是凝視著那些竹子椅腿，而是實際上成為它們——或者不如說，是在它們之中做我自己；或者，又更加精確地說（因為在這個情況下，「我」並不牽涉在其中，而在某種特定意義下，「它們」也並未涉入），是在那個作為椅子的「非自我」中，做我的「非自我」。

反省我的經驗時，我發現我同意卓越的劍橋哲學家，C·D·布洛德[20]博士的見解：「對於伯格森[21]提出的那種理論，連結記憶與感官知覺的理論，我們實在應該比現在更認真地加以考慮。那個提議是，大腦、神經系統與感官的功能主要是取消性質的（eliminative），而不是生產性的。每個人在每一刻，都能夠記起所有曾經發生在他身上的事，並且知覺到發生在宇宙中每個地方的每件事。大腦與神經系統的功能，是擋掉我們本來應該在任何時刻知覺到並記得的大多數事情，只留下可能實際有用的極少量特殊精選內容，藉此保護我們，免

20 C·D·布洛德（C. D. Broad，1887-1971）是英國哲學家，寫過論文討論超心理學的哲學面向。

21 伯格森（Henri Bergson，1859-1941）法國哲學家。

得這樣大抵無用又不相干的巨量知識，讓我們不勝負荷、大惑不解。」根據這樣的理論，我們每個人潛在來說都是自由心靈（Mind at Large）。不過從我們是動物的角度來看，我們的要務就是不計代價生存下去。為了讓生物性的存活有可能，自由心靈必須擠過大腦與神經系統的化約性活門（reducing valve）。從另一頭出來的東西，是一道意識的涓涓細流，這種意識會幫助我們在這個特定星球表面上維持生存。為了建立系統並表達這個化約過的覺察內容，人發明稱為語言的那些象徵系統與隱含的種種哲學，並且無止盡地發揚光大。每個人既是他生來面對的語言學傳統的受益人，也是受害者——之所以是受益人，是因為語言提供了取得旁人經驗累積紀錄的管道，之所以是受害者，是因為這肯定了他的信念：化約後的覺察意識是唯一的覺察意識，也因為它迷惑了人的現實感，以至於人太容易就把他的概念當成原始資料，把他的話語當成實際的事物。在宗教語言裡被稱為「現世」（this world）的東西，是化約後覺察的宇宙，透過語言被表達出來，而且實際上是被語言變僵化了。人類不定期接觸的多種「他界」（other worlds），則是自由心靈的整體覺察之中的許多元素。大多數時候，大多數人只知道通過化約活門之後，被局限性的語言尊為真貨的事物。然而某些人似乎生來就有某種規避化約活門的旁門左道。在其他人身上，暫時的繞道路徑要不是自動取得，就是刻意「靈修」的結果，或者透過催眠、借助藥物。透過這些永久或暫時的繞道路徑，流瀉而出的東西並不盡然是關於「發生在宇宙中每個地方的每件事」的知覺（因為繞道路徑並沒有廢棄掉化約活門，它仍舊在排除自由心靈的整體內容），卻不只是（而且最重要的是不同於）精心選擇以追求生存效益的素材——我們狹隘的個體心靈，卻把那種追求效益的素材看成是一個完整、或者至少充分的現實圖像。

大腦配備了幾種酶系統，功能在於協調其運作。其中一些酶管控了腦細胞的葡萄糖供應。麥斯卡林抑制了這些酶的製造，因此降低了一個持續需要糖的器官可得的葡萄糖份量。在麥斯卡林削減了大腦的正常糖份額度時，發生了什麼事？研究的例子太少，因此現在還給不出全面性的答案。不過在監督下服用過麥斯卡林的少數人身上，發生的多數狀況可以概括如下。

（一）記得並且「把事情想清楚」的能力，如果真有任何衰退，也非常少。（聆聽我在藥物影響下的對話錄音，我找不出當時的我有任何地方比平時更笨。）

（二）視覺印象大幅強化，而且眼睛恢復了某些童年時期在知覺上的純真，在當時感官資料（sensum）並沒有立即並自動附屬到概念之下。對於空間的興趣降低，對於時間的興趣降到趨近於零。

（三）雖然知性未受損害，知覺還大幅增進，意志卻蒙受往壞處發展的深刻變化。麥斯卡林服用者看不出任何理由要特別去做任何事，而且發現大多數他平時會準備據以行動、並為之受苦的大多數目標，是極度無趣的。他有很好的理由不去費心應付它們：他有更好的事情可想。

（四）這些更好的事情可能「在外面」或「在裡面」，或者在內在與外在兩個世界裡，同時或連續體驗到（就像我體驗到的那樣）。對於所有帶著健全肝臟與平靜心靈去使用麥斯卡林的服用者而言，這似乎不言自明：這些事情確實比較好。

麥斯卡林的這些效果，並不是你在服用某種有辦法損害大腦化約活門效率的藥物之後，能夠預期會產生的效果。在大腦用盡糖分以後，營養不良的自我會變得虛弱，無法費事去承擔必要的雜務；一個追求繁榮的有機體會極端重視的時空關係，現在都沒有興趣了。當自由心靈滲透、越過不再滴水不漏的活門時，在生物學上無用的種種全都開始發生了。在某些例子裡，可能出現超感官知覺。其他人發現一個充滿夢幻之美的世界。在另外一些人面前揭露的，則是赤裸的存在、未概念化的既有事件，所展現出的榮光、無盡的價值與深長的意義。在無自我感（egolessness）的最後階段，存在著一種「隱晦知識」：「全體」存在於一切之中——「全體」實際上是每個個體。我認為，一個有限心靈能夠最趨近於「知覺到發生在宇宙中每個地方的每件事」，莫過於此。

在這個脈絡下，麥斯卡林導致的色彩知覺極端強化，意義多重大啊！對某些動物來說，能夠分辨某些色調在生物學上非常重要。不過在超出對牠們有效益的光譜範圍之外，大多數生物是完全的色盲。舉例來說，蜜蜂把大半的時間花在「摧殘春天的新鮮處女花」；可是，就像馮．傅里希[22]所證明的，牠們只能認出極少的幾種顏色。人高度發展的色彩感，是一種生物學上的奢侈品——對於身為知性與靈性存在的人來說，寶貴到無可估計，但對於作為動物的生存來說，並不必要。從荷馬放進特洛伊戰爭英雄嘴裡的形容詞來判斷，他們區辨顏色的能力幾乎沒比蜜蜂強。至少在這方面，人類的先進程度一直是很驚人的。

麥斯卡林讓所有顏色的力量更強勁，並且讓知覺接收者覺察到無數不同的細緻色調，而他在平常對此是完全盲目的。對於自由心靈來說，似乎是這樣的：事物所謂的次性就是初性[23]。不像洛克，自由心靈顯然感覺顏色更重要，比質量、位置與維度更值得注意。就像麥斯卡林使用者一樣，許多神祕主義者

22 馮．傅里希（Karl von Frisch，1886-1982）奧地利動物行為學家，一九七三年與另外兩位動物行為學家康拉德．勞倫茲（Konrad Lorenz，1903-1989）以及尼可拉斯．廷伯根（Nikolaas Tinbergen，1907-1988）一同獲得諾貝爾生醫獎。

23 根據英國哲學家洛克（John Locke）的區分，客體的屬性分兩種，初性（primary property）存在於事物本身，不會隨著認知者或環境因素而改變；次性（secondary property）則是初性會在認知者身上激發的感受，像是聲音或顏色。

認知到超自然的明亮顏色，他們不只是靠著向內觀察的眼睛看到，甚至在他們周遭的客觀世界裡看到。靈媒與敏感之人也做出類似的報告。對於某些靈媒來說，麥斯卡林使用者得到的短暫天啓，長期以來是他們每天、每一小時都有的經驗。

從這趟漫長但不可或缺的理論領域遠足歸來，我們現在可以回歸奇蹟般的事實——房間中央的四根竹椅椅腿。就像華滋華斯[24]的黃水仙，它們帶來各種財富——這是無價的禮贈，帶來針對萬物本質的直接新洞見，同時附加一個較小規模的寶藏：針對藝術領域的特別理解。

玫瑰就是玫瑰就是玫瑰[25]。不過這些椅腿就是椅腿就是聖米迦勒與所有天

---

24 華滋華斯（William Wordsworth，1770-1850）英國浪漫派詩人。下面說的「黃水仙」指的是他在一八〇四年寫的一首詩〈我像一朵雲孤獨漫遊〉（"I Wandered Lonely as a Cloud"），有時也被稱為〈黃水仙〉（"Daffodils"）。

25 「玫瑰就是玫瑰就是玫瑰」（A rose is a rose is a rose）這句話是作家葛楚德・史坦（Gertrude Stein，1874-1946）在詩篇〈聖艾蜜莉〉（"Sacred Emily"）裡的詩句縮寫版（原本是A rose is a rose is a rose is a rose）收錄於《地理與戲劇》（*Geography and Plays*，1922）中。一般認為這句話

使。服藥後的四五小時，大腦糖分短缺的效果消退的時候，我被帶去環城周遊一小圈，其中包括在將近日落時去拜訪一個謙稱是「世界最大藥房」的地方。在世界最大藥房後方，在眾多玩具、賀卡與漫畫書之間，挺讓人訝異的是，還站著一排藝術書籍。我拿起最靠近手邊的第一本書。那是講梵谷的書，書打開後第一幅畫是《椅子》（*The Chair*）——物自身[26]令人驚奇的一幅肖像，這位瘋狂的畫家以一種帶著傾慕的驚怖之情，看見了物自身，並且設法表現在他的畫布上。不過事實證明就算是以天才之力，還是完全無法勝任這個任務。梵谷看到的椅子，在本質上明顯跟我見到的椅子是相同的。不過，雖然比起日常知覺中的椅子，他畫中的椅子更真實到難以企及的程度，它仍然只是以不尋常方式表達事實的象徵物。這個事實已經被表現在「真如」之中；這只是一個象徵標誌。這樣的象徵標誌是關於「萬物本質」的真實知識來源，而這種真實知識

的意思，就是反覆強調「事物就是它們自身」，A＝A。

26 物自身（*Ding an Sich*）來自哲學家康德的概念；它是獨立於認識之外的存在之物，是現象的基礎，但人能夠認識現象，卻無法真正認識物自身。

《椅子》

可以用來為接受真如的心靈做好準備，讓它立即自行達到洞見。但也就只是這樣。無論多有表現力，象徵物永遠不可能成為它們所代表的東西。

在這個脈絡下，去研究認識「真如」的偉人們可以取得的藝術作品，會很有意思。艾克哈特大師注視的是哪種畫作呢？在聖十字若望[27]、白隱慧鶴禪師[28]、禪宗六組慧能[29]、威廉・勞[30]的宗教體驗中，什麼樣的雕刻作品與畫作在其中軋了一角？要回答這些問題，超出我的能力之外；但我強烈懷疑，大多數真如的偉大認識者都鮮少注意藝術——某些人根本拒絕跟藝術有任何關係，其他人則滿足於以批判眼光看來只是二流、甚至不入流的作品。（如果一個人經歷變容、也正在讓他物變容的心靈，可以在每個此物之中看見「全體」，對這

27 聖十字若望（St John of the Cross，1542-1591）是一位西班牙神祕學家、加爾默羅修會修士，曾看見耶穌受難的景象。

28 白隱慧鶴（1686-1769）是臨濟宗禪師，擅長書畫。

29 慧能（638-713）是漢傳佛教禪宗第六代傳人，禪宗南宗的開創者。

30 威廉・勞（William Law，1686-1761）英國神學家兼神祕主義者。

個人來說，就算是一張宗教畫，無論它是第一流還是不入流，都是極端無關緊要的事。）我想，藝術只是給初學者的，否則就是給那些堅決的死硬派，他們已經打定主意，要滿足於真如的替代品；寧願滿足於象徵物，而不要它們指涉的東西，用安排高雅的食譜，取代真正的晚餐。

我把梵谷放回它的架子上，然後拿起站在它旁邊的書。那是一本談波提切利的書。我翻閱頁面。《維納斯的誕生》（*The Birth of Venus*）——從來不是我偏愛的作品。《愛神與戰神》（*Venus and Mars*），可憐的拉斯金[31]在他冗長的性悲劇達到巔峰時，激烈地譴責這幅畫的美好之處。驚人豐富又複雜細緻的《阿佩萊斯的誹謗》（*Calumny of Apelles*）。然後是稍微沒那麼熟悉、也不是那麼好的畫作，《茱蒂絲》（*Judith*）。我的注意力被抓住了，而我凝視到入迷的，不

31 拉斯金（John Ruskin，1819-1900），影響深遠的英國藝術評論家。他與愛菲・葛雷（Effie Gray，1828-1897）在一八四八年結婚，然而婚姻不幸，葛雷後來愛上拉斯金的友人畫家約翰・艾佛瑞特・米萊（John Everett Millais，1829-1896），在一八五四年以拉斯金性無能、兩人婚後並未圓房為由訴請婚姻無效；葛雷在第二年嫁給米萊。

右：《維納斯的誕生》
中：《愛神與戰神》
左：《阿佩萊斯的誹謗》

是那位蒼白的神經質女主角或她的侍從，不是受害者鬚髮豐厚的頭或背景裡春意盎然的風景，而是茱蒂絲那件打褶緊身上衣，還有被風吹動的長裙的紫色絲綢。

這是我先前看過的東西——那天早上才剛看過，在花朵與家具之間，當時我偶然往下俯視，然後自主選擇繼續熱情地瞪著我自己交叉的雙腿。褲子上的那些皺褶——意義無窮的複雜性，構成一座什麼樣的迷宮啊！那灰色法蘭絨的質地——多麼豐富，多麼深奧又神祕地奢華！而它們再度出現於此，就在波提切利的畫裡。

文明人穿衣服，因此要是少了皺褶紡織品的表徵[32]，就不可能有肖像畫，不可能講述神話或歷史故事。不過，雖然可以這樣解釋起源，光憑裁縫手藝，卻永遠無法解釋皺褶布料如何蓬勃發展成所有造型藝術的重要主題。很明顯的

32 表徵（representation）在不同脈絡下又可譯為再現、表現、表象，最單純的意思就是「用符號來代表其他事物」，例如一座貝多芬石膏胸像就是貝多芬這個人的一種表徵，是用石膏這個媒材塑造成某個看起來像貝多芬的形狀，以此「再現」／代表貝多芬。

《茱蒂絲》

是，藝術家總是為了皺褶布料本身的緣故而熱愛它——或者更確切地說，為了他們自己的緣故。在你繪製或者雕刻皺褶布料時，你是在繪製或雕刻實際上非表徵式的形式[33]——甚至最偏向自然主義傳統的藝術家，都喜歡讓自己放手去做的那種不受條件限制的形式。一般的聖母像或使徒像裡，完全屬於人類、完整表徵的元素解釋了大約整體的百分之十。其他的一切，是由無窮無盡的皺摺羊毛或亞麻布主題的多彩變化所組成。而在一幅聖母像或使徒像中，非表徵性質的那十分之九，可能在性質上就跟在數量上一樣重要。很常見的是，它們設定了整個藝術品的調性，表明描繪主題的關鍵，表達出藝術家的情緒氛圍、性格氣質與生命態度。斯多噶式的平靜在光滑的表面、在皮埃洛[34]的衣物未經過扭曲的寬闊皺摺裡自動透露出來。在事實與願望、憤世嫉俗與理想主義之間拉

33 這裡的意思是，這些藝術家著迷於皺褶本身，在繪製與雕刻皺摺時，並沒打算用它們來代表什麼別的東西。

34 這裡指的是波提切利畫作《皮埃洛・羅倫濟先生之子羅倫佐肖像》（*Portrait Lorenzo di Ser Piero Lorenzi*）。

《皮埃洛・羅倫濟先生之子羅倫佐肖像》

扯，貝尼尼[35]用巨大的縫紉抽象表現，調和了他那些臉孔幾乎是諷刺畫式的逼真細節；而那些抽象表現以石頭或青銅，體現了永垂不朽的常見修辭——英雄主義、神聖性與莊嚴性，人類對此永遠嚮往，大半時候卻徒勞無功。而這裡還有艾爾·葛雷柯[36]效果深入肺腑到令人不安的裙子與斗篷；這裡還有柯西莫·圖拉[37]替他的人物著裝，穿上尖銳、扭轉、有如火焰的皺摺：在第一個例子裡，傳統的靈性分解成一種生理上的無名渴望；在第二個例子中，對於世界本質上的陌生與敵意，有一種極端痛苦的意識在扭動著。或者來考量一下華鐸[38]；他筆下的男女彈魯特琴，準備參加舞會與丑角表演，在天鵝絨草坪與宏偉的樹下，要

35 貝尼尼（Gian Lorenzo Bernini，1598-1680），義大利雕塑家、建築師兼畫家。

36 艾爾·葛雷柯（El Greco，本名Doménikos Theotokópoulos，1541-1614，El Greco其實是西班牙語的「希臘人」），原籍希臘、在西班牙生活工作的文藝復興時期建築家、雕塑家與畫家。

37 柯西莫·圖拉（Cosimo Tura，約1430-1495），義大利文藝復興早期畫家。

38 華鐸（Jean-Antoine Watteau，1684-1721），法國洛可可時代畫家。他有許多畫作描繪貴族穿著舞會禮服或者化妝舞會打扮在戶外飲宴，這種類型的畫作被稱為宮廷派對畫。

乘船前往每個戀愛中人夢想的基西拉島[39]；他們巨大的陰鬱，以及他們的創造者受到嚴厲批評、極度痛苦的感性，不是在記錄下來的行動中，也不是在描繪的姿勢與表情中找到表達方式，而是表現在他們的塔夫綢裙子、他們的緞布斗篷與緊身上衣的起伏與質地上。這裡沒有一吋光滑的表面，沒有一刻的平靜或信心，只有無數細微衣褶與皺紋構成的一片混亂絲質荒野，還有持續不斷的調節——內在的不確定，透過大師之手的完美自信被描繪出來——把一種調性調整成另一種，又把一種含糊的顏色調整成另一種。在生活中，人做計畫，天做裁決。在造型藝術中，計畫則是取決於主題；到頭來做裁決的是藝術家的氣質性格，最直接的（至少在肖像畫、歷史畫與風俗畫中）就是雕刻或者繪製的皺褶布料。靠這兩者，可能就決定了一幅宮廷派對畫（Fête galante）會讓人感動落淚，一幅十字架受難圖會平靜到歡愉的地步，一幅聖痕圖則會性感到讓人幾

《乘船前往基西拉島》

39　華鐸的知名畫作之一是《乘船前往基西拉島》（*The Embarkation for Cythera*），基西拉島是希臘神話中愛神維納斯的誕生地（她從該島附近的海水泡沫中誕生）。

乎招架不住，而為了一位把女性愚昧發揮到極致的天才所繪製的肖像（我現在想到的，是安格爾筆下舉世無雙的莫提西耶夫人肖像[40]），則會表達出最嚴格、最不折不扣的知性。

但這並不是全盤真相。皺褶布料，如同我現在所發現的，遠遠不只是把非表徵性的形式引進自然主義畫作與雕塑的設計。我們其他人只有在麥斯卡林影響下才會看到的事物，藝術家天生就有能力時時刻刻看見。他的知覺不只限於生物上或社會上有用的事物。一點點屬於自由心靈的知識，滲透出來越過大腦的化約活門與自我（ego），進入了他的意識。這是對於每個存在的內在重要性的知識。對於藝術家來說，就像對麥斯卡林使用者一樣，皺褶衣物是活生生的象形文字，是純粹存在深不可測的謎團的某種獨特表現方式。我那條灰色法蘭絨長褲上的皺褶充滿了「本然」，雖然或許比不上那些超自然花朵，但更勝於

40 安格爾（Jean-Auguste-Dominique Ingres，1780-1867）是法國新古典主義畫家，他的知名畫作包括為莫提西耶夫人（Marie-Clotilde-Inès Moitessier）繪製的兩幅肖像，一幅站著、一幅坐著。

《莫提西耶夫人肖像》

椅子。它們的這種特權地位該歸功於誰，我說不上來。或許，是因為皺褶布料的形式如此奇特又戲劇性，以至於它們很搶眼，而且以這種方式迫使人注意到純粹存在有如奇蹟般的事實？誰知道呢？重要的不是這種經驗的理由，而是經驗本身。在世界最大藥房裡鑽研茱蒂絲的裙擺時，我知道波提切利——而且不只是波提切利，還有許多其他人也一樣——曾經以同樣經歷過變容、而且正在以讓他物變容的眼注視著皺褶布料，就像我那天早上的眼。他們看到了打褶布料的Istigkeit（存在狀態）、全體性與無限性，並且竭盡所能用顏料或石頭來表現它。當然，肯定成功不了。因為純粹存在的榮耀與神奇屬於另一個等級，甚至超過最高等藝術的表達力量。但是在茱蒂絲的裙擺上，我可以清楚看到，要是我有畫家的天才，我本來可能怎麼看待我陳舊的灰色法蘭絨褲子。上天知道這與實相相比算不了什麼，卻足以讓世世代代的觀者感到喜悅，足以讓他們至少理解那麼一點點，在我們可悲的極端愚昧之下被稱為「區區外物」、寧可看電視也不屑一顧的東西，真正的重要性在哪裡。

「一個人就應該用這種方式看，」我一直這麼說，同時我低頭看我的褲子，或者瞥向書架上如珠寶般的書、瞥向我那張無限超越梵谷式椅子的椅腿。「這就是一個人應該觀看的方式，事物真正的樣子。」然而這裡是有所保留的。因為如果一個人總是像這樣去看，就永遠不會想做任何別的事情了。光是觀看，光是作為花朵、書本、椅子、法蘭絨的神聖非自我而存在，那樣就足夠了。但在那種狀況下，其他人怎麼辦呢？人際關係怎麼辦呢？在那天早上的對話錄音之中，我發現這個問題經常重複：「人際關係怎麼辦呢？」一個人要如何把這種「看見」的永恆至福，跟一個人的暫時性義務——做該做的事、感覺該有的感受——調和起來？我說：「一個人應該能夠把這條褲子看成無比重要的，也把人類看成甚至更重要無比。」一個人應該如此——但實際上似乎是不可能的。姑且這麼說，像這樣參與到事物清楚顯現的榮光之中，並沒有為人類存在日常而必要的關注事項，留下任何餘地；其中最重要的事情，牽涉到眾多的個人。因為個人就是自我，而至少在某一個面向上，我現在是個「非自我」，同時知覺到、並且身為我周遭種種事物的「非自我」。對於這個剛誕生的「非自我」來說，它暫時不再是的那個自我的行為、外表與想法，以及一度曾是同儕的其他自我的想法，似乎不盡然讓人討厭（因為讓人討厭的性質，並不是我正在思考的範疇之一），只是極其不相干。在調查員逼迫下，我分析並報告我正在做的事情（而我多麼渴望沒人煩我，讓我跟一朵花的永恆、四條椅子腿的無限，還有一條法蘭絨褲皺褶的絕對性同在！），從而領悟到我刻意避免跟共處一室的那些人目光相對，刻意克制自己不要太過意識到他們。有一個人是我妻子，另一人是我尊敬並且非常喜愛的男性；但兩人都屬於那個世界，此刻麥斯卡林把我從中解救出來的世界——自我、時間、道德判斷與效益考量的世界，自我肯定、自信過剩、過度重視語文又盲目崇拜概念的世界（而且就是人類生活的這個面向，我最真心希望能夠忘卻）。

流程進行到這個階段，有人給我塞尚那張知名自畫像的大張彩色複製品——一個戴著大草帽的男人的頭跟肩膀，臉頰紅潤，嘴唇朱紅，還有色澤濃烈的黑色鬍鬚，跟一隻不友善的深色眼睛。這是一幅絕佳的畫；但我現在看著它的時候，並不是把它看成一幅油畫。因為那個頭迅速地發展出第三維度，而且在我眼前的頁面上活了過來，成了一個眺望窗外，看起來像隻小地精的男

《塞尚自畫像》

人。我開始發笑。而在他們問我為什麼的時候，我一直重複：「多麼矯揉造作！他到底以為他是誰啊？」這個問題並不是特別針對塞尚而發，而是對人類整體。他們全都自以為是誰？

「這就像是在多洛米提山脈的阿諾．班奈特[41]，」我說道，我突然間想起一幕景象，在班奈特去世之前約四五年，透過一張抓拍照片幸運地永遠保存下來，是他在柯蒂納丹佩佐（Cortina d'Ampezzo）[42]沿著一條風雪交加的路蹣跚而行。在他周圍躺著處女新雪；背景裡是一片不只是符合哥德式渴望的紅色峭壁。而親愛的、仁慈的、不快樂的阿諾．班奈特，有意識地親自誇大演出他最愛的小說角色，「奇人」[43]，也就是他自己。他在明亮的阿爾卑斯山陽光下緩慢

41 阿諾．班奈特（Arnold Bennett，1867-1931）英國小說家、劇作家、專欄作家，在世時是英國收入最多、稿酬最高的作家。

42 柯蒂納丹佩佐（Cortina d'Ampezzo）是義大利東北部的城市，知名的滑雪勝地，在一九五六年曾主辦冬季奧運，二〇二六年將再度主辦。

43 《奇人》（*The Card*，1911）是阿諾．班奈特的滑稽小說，Card在俚語中指的是奇特有趣、聰明大膽的人。班奈特設定主角跟他自己同一天出生。

地蹣跚前進，他的拇指勾著一件黃色背心袖孔裡，這件背心稍微往下一點的地方凸了出來，有著布萊頓地區攝政時期建築凸肚窗的那種優雅曲線——他的頭往後仰，就好像榴彈砲似的，要瞄準藍色的穹蒼天頂，射出某些結巴的話語。他實際上說了什麼，我早已遺忘；但他的整體舉止、氣質與姿態，差不多就是這麼喊道：「我就跟那些該死的山岳一樣棒。」而當然了，在某些方面，他比山岳更優秀到無與倫比的地步；但他自己也很清楚，並不是在他最愛的小說人物喜歡想像的那些優秀。

無論演得成不成功（不管那可能是什麼意思），我們全都誇大演出我們最愛的小說人物。而事實，幾乎極端不可能的事實——實際上就是塞尚本人——並沒有造成任何差別。對於這位圓熟的畫家來說，他有繞過大腦活門與自我過濾器而通往自由心靈的那條小小管線，也同樣真切地就是這個有著不友善眼睛的蓄鬚地精。

為了緩口氣，我轉回去看我褲子上的摺痕。「一個人就應該用這種方式看，」我再度重複。而且我可能還補上一句：「這些就是人應該觀看的事物。」沒有矯飾的事物，滿足於僅只是它們自身，它們的真如充盈，不是在表演一個角色，沒有瘋狂地企圖獨立行事，孤立於法身之外，像墮天使路西法那樣挑戰神的恩典。

「通往這個境界的最短途徑，」我說：「會是一幅維梅爾[44]。」

是的，一幅維梅爾。因為那位神祕的藝術家有三重天賦——有把法身認知成花園盡頭圍籬的視野，有在人類能力極限容許下盡可能多詮釋這種視野的才華，還有限制自己在畫作中呈現現實中較可控面向的慎重；因為雖然維梅爾描繪了人類，他一直都是個靜物畫家。告訴女性模特兒盡可能讓自己看起來像蘋果的塞尚，設法要用相同的精神來畫肖像畫。但比起圍籬中的法身，他那些蘋果般的女人跟柏拉圖式觀念的關聯性還更近些。它們不是在沙塵或花朵中，而是在某一類非常優越的幾何學抽象圖案中，被看見的永恆與無限。維梅爾從來

44 維梅爾（Johannes Vermeer，1632-1675）是荷蘭黃金時代著名畫家，多半繪製風俗畫，擅長安排光影效果。

沒要求他的女孩們要看起來像蘋果。正好相反，他堅持她們要達到身為女孩的極致——但總是有個附加條件，她們要克制住，不能表現得女孩子氣。她們可以坐著，或者靜靜站著，但絕對不能格格發笑，絕對不能顯得很自覺，絕對不唸祈禱文或者為不在身旁的愛人悲傷憔悴，絕對不說長道短，絕對不嫉妒地凝視其他女人的嬰孩，絕對不跟人打情罵俏，絕對不愛、不恨也不工作。在做任何這類事情的行動之中，她們無疑會更強烈地成為她們自己，但正因這個理由，就不會再顯現出她們神聖的本質性非自我。用布雷克的句子來說，維梅爾的感官之門只清潔了一部分。有單單一塊玻璃鑲板已經變成幾近完美的透明；那扇門的其餘部分還是沾滿泥濘。在善惡這一邊的物體與生物之中，本質性的非自我都可以清楚地被知覺到。在人類身上，只有在他們休憩時，心思不受打擾，身體沒有動作，這時非自我才變得可見。在這些環境條件下，維梅爾可以看見真如的所有天國之美——可以看見，而且在某種小尺度上，以細緻而奢華的靜物畫來描繪它。維梅爾無疑是最偉大的人類靜物畫畫家[45]。不過還有其他人，例如維梅爾的法國同代人，勒南三兄弟[46]。我想，他們剛開始是要做風俗畫家的；不過他們實際上產出的是一連串的人類靜物畫，在這些畫中，他們對於所有事物無限重要意義的潔淨感官知覺，並不是像維梅爾那樣，藉由經過細緻增豔的顏色與質地來描繪，而是藉由一種強化過的清晰性，一種形式上執迷的獨特性，在一種幾乎是單色的樸素調性內描繪。在我們自己的時代，我們有畫家維亞爾[47]，在他表現最好的時候，精彩到讓人難以忘懷的法身圖像在中產階級臥房裡顯現；在某位股票經紀人全家在郊區花園中喝茶的景象中，絕對性熊熊燃燒。

45 這裡作者不說維梅爾是人像畫家，而說是「人類」靜物畫家（painter of human still lives），旨在強調他把人類當成靜物來畫，所以刻意不譯為「人像」畫家。

46 勒南三兄弟（Antoine Le Nain，約1600-1648；Louis Le Nain，約1603-1648；Mathieu Le Nain，約1607-1677）是十七世紀法國畫家，擅長風俗畫、肖像與迷你肖像畫。

47 尚—愛德華・維亞爾（Jean-Édouard Vuillard，1868-1940）法國納比派（Les Nabis）畫家、裝飾藝術家與版畫家。

勒南三兄弟作品

維亞爾作品

老橡膠商人為什麼放棄了
那吸引路人的豪華櫃檯？
是因為他在歐特伊的花園，
那裡的百日菊失去了香氣，
看起來就像上了油漆的鐵皮。

對羅宏・泰拉德[48]來說，這個場面就是令人厭惡。但如果退休的橡膠貨品商人夠安靜地坐著不動，維亞爾在他身上就只會看到法身，而且會在百日菊、金魚池、別墅的摩爾式高塔與中國燈籠之中，畫出人類墮落之前的伊甸園一角。

但在此同時，我的問題仍然沒得到回答。這個潔淨過的感官知覺，如何跟

48 羅宏・泰拉德（Laurent Tailhade，1854-1919）法國諷刺詩人、無政府主義論戰家、散文家兼翻譯家。前面引用的是他的詩作〈Rus〉的第一段。

適切地關注人際關係、必要雜事與義務調和？更別提慈善與合乎實際的同情心了。活躍者與靜思者之間的長年辯論重新開始了——在我看來，是以史無前例的尖銳程度重新開始。因為直到今天早上為止，我只知道比較粗陋、比較尋常的靜思形式——像是推論式思考；像是著迷地沉浸於詩歌、繪畫或音樂中；像是耐心服侍那些靈感，少了它們就連最平凡的作家都無法指望成就任何事；像是在自然界裡，偶然一瞥華滋華斯的「混合得更深刻許多的某種事物」；像是系統性的沉默，有時候導向一種「隱晦知識」的種種暗示。不過現在我知道達到最高程度的靜思是什麼了。在它的最高點，卻還未臻完滿。因為在它達到完滿時，伯大尼的馬利亞的行事之道裡，也包含了馬大的行事之道[49]，而且，姑且

49 馬大（Martha）與伯大尼的馬利亞（Mary of Bethany）是姊妹，她們還有一個弟弟，就是從死裡復活的拉撒路。《聖經．路加福音》第十章第三十八至四十二節，有如下的內容：「有一個女人，名叫馬大，接他到自己家裡。他有一個妹子，名叫馬利亞，在耶穌腳前坐著聽他的道。馬大伺候的事多，心裡忙亂，就進前來，說：主啊，我的妹子留下我一個人伺候，你不在意嗎？請吩咐他來幫助我。耶穌回答說：馬大！馬大！你為許多的事思慮煩擾，但是不可少的只有一件；馬利亞已經選擇那上好的福分，是不能奪去的。」

這麼說，還把它提升到比自己更高的力量。麥斯卡林打開了馬利亞之道，卻關上了馬大之道的門。它提供了通往靜思的管道——但這種靜思跟行動不相容，甚至跟行動的意志、對行動本身的念頭也不相容。在麥斯卡林使用者所得到的種種天啓之間，他很容易覺得，一方面一切都極端地理所當然，而另一方面，又有某些事情不對勁。在本質上，他的問題跟寂靜主義者、阿羅漢（arhat），還有風景畫家與人類靜物畫家在另一個層次上所面對的問題是一樣的。麥斯卡林永遠無法解決那個問題：它只能天啓般地提出問題，呈現給那些先前從沒看過它的人看。只有那些做好準備，以種類正確的行為，還有種類正確、持續而不勉強的警覺性為手段，實踐正確類型世界觀（Weltanschauung）的人，才能夠發現完整的最終解答。站在那些寂靜主義者對立面的，是積極深思之人、是聖人，用艾克哈特大師的話來說，這樣的人準備好從七重天上下來，以便為他生病的兄弟帶來一杯水。菩薩（Bodhisattva）則與阿羅漢對立，從表象撤退到一種完全超越性的涅槃中，對他們來說，真如與種種偶然構成的世界是同一的，而對他們無窮的慈悲心來說，這些偶然中的每一個都是一種時機，不只是帶來轉變性的洞見，也帶來最實際的慈善。而在藝術的宇宙中，與維梅爾還有其他人類靜物畫家對立，跟中國與日本山水畫大師對立，與康斯特勃[50]還有透納[51]對立，與西斯萊[52]、秀拉[53]與塞尚對立的，是林布蘭那種無所不包的藝術。這些都是名動天下的大人物，名聲顯赫到不可高攀。對我自己來說，在這個值得紀念的五月早晨，我只能感激有這個經驗，向我展示這種挑戰的真實本質以及完全解放性的反應，比我過去所見的更清楚。

在我們脫離這個主題以前，讓我補充一下，沒有一種形式的靜思，哪怕是最寂靜主義的，是沒有自身倫理價值的。所有道德中至少有一半是消極性質的，由避免做壞事構成。主禱文長度不及五十個詞彙，就有六個詞彙專門用在

50 約翰・康斯特勃（John Constable，1776-1837）是英國風景畫家。

51 約瑟夫・馬洛德・威廉・透納（Joseph Mallord William Turner，1775-1851）英國風景畫家、水彩畫家兼版畫家，對後來的印象派有深遠影響。

52 阿佛列・西斯萊（Alfred Sisley，1839-1899）印象派的英裔法國風景畫家。

53 喬治・皮耶・秀拉（Georges Pierre Seurat，1859-1891）是法國後印象派、新印象派畫家，以點彩畫作品聞名於世。

要求神不要引領我們陷入誘惑。單面向的靜思者留下許多他該做的事情沒做；但為了補償這點，他克制自己不做一大堆他不該做的事。巴斯卡[54]評論道，只要人能夠學會靜靜坐在自己房間裡，惡的總量就會削減許多。知覺淨化過的靜思者，不必留在自己房間裡。他可以去忙自己的事，徹底滿足於看見並且身為萬物神聖秩序的一部分，所以他甚至絕對不會受到誘惑，去沉浸於特拉赫恩[55]所謂的「世界的卑鄙手段」。在我們感受到自己是宇宙的唯一後裔時，當「海洋在我們的血管中流動……而群星是我們的珠寶」時，當所有事物都被感知成無限而神聖的時候，我們能有什麼動機要貪求無厭或自以為是，要追求權力或者形式更枯燥沉悶的樂趣？靜思者不太可能變成賭徒、皮條客或酒鬼；一般來說，他們不會宣揚偏執不寬容，或者發動戰爭；不會覺得有必要搶奪、詐騙或壓榨窮人。而對於這些大量的消極美德，我們可以再加上另一個，雖然它難以

54 巴斯卡（Blaise Pascal，1623-1662）法國神學家、哲學家兼科學家。

55 特拉赫恩（Thomas Traherne，1636或1637-1674）英國國教牧師、詩人兼神學家。

界定，同時卻既正面又重要。阿羅漢與寂靜主義者可能不會實踐最極致的靜思；但如果他們真的加以實踐，可能會帶回對於另一個心靈超越國度的啟發性報告；而如果他們實踐靜思到最高程度，他們就會變成傳導管道，某種有益的影響可以藉此從另一個國度，流入一個黯淡自我所在的世界；這些自我因為缺乏有益影響，而處於慢性瀕死狀態。

此時我已經在調查員的要求下，從塞尚的肖像轉向我閉上眼睛時，我腦中發生的事情。這一次，這種內在本質很奇怪地讓人感到不滿足。視野充滿了顏色明亮、不斷改變的結構體，看似是用塑膠或者有亮面光澤的錫所構成的。

「很廉價，」我評論道：「微不足道。像是廉價雜貨店裡的東西。」而且這一切粗劣之物存在於一個封閉擁擠的宇宙裡。「這就像一個人待在一艘船的甲板下面，」我說：「一艘廉價雜貨店似的船。」

而在我的觀看之下，事情變得非常清楚，這艘廉價雜貨船在某方面跟人類的矯揉造作、塞尚的肖像、在多洛米提山脈誇大演出自己心愛小說人物的阿諾・班奈特連結在一起。這艘銅板價商店船令人窒息的內部裝潢，是我個人的自我；這些用錫跟塑膠做的便宜活動雕塑，是我對這個宇宙的個人貢獻。

我感覺到這個教訓是有益的，但還是很遺憾它必須在這一刻、以這種形式來執行。一般來說，麥斯卡林使用者發現了一個內在世界，就像一項感覺與料（datum）那樣明顯，那樣不證自明地「無限而神聖」，就像我睜著眼睛看到的變容外在世界一樣。從最初，我自己的例子就是不一樣的。麥斯卡林暫時賦予我閉著眼睛看見事物的力量；但它不可能、或者至少在這個場合並沒有揭露出一種內在本質，可以間接與我「在外面」的花朵或椅子或法蘭絨相較。它容許我從內在感知的，不是影像中的法身，而是我自己的心靈；不是原型的真如，而是一組象徵符號——換句話說，是自家炮製的真如替代品。

大多數視覺靈敏者被麥斯卡林轉變成幻視家。其中某些人——而且他們的數量或許比一般假定的更多——不必要求任何轉變；他們時時刻刻都是幻視家。布雷克所屬的那種心靈物種，甚至在今日的都會工業社會裡也分布廣泛。這位詩人藝術家的獨特性，並不在於（引自他的《描述性目錄》[56]）他實際上看

56 《描述性目錄》（*Descriptive Catalogue*，1809）是詩人威廉．布雷克為他的作品展覽寫的內容說明

到「那些在聖典裡被稱為基路伯[57]的神奇原物」的事實。它並不在於這個事實：「我幻視中看見的這些神奇原物，其中一些高達百呎……全都包含了神話性與晦澀難懂的意義。」他的獨特性僅只在於他有能力以文字或（稍微沒那麼成功的）線條與顏色描繪某種暗示，至少是種不會過度不尋常的經驗。沒有才華的幻視家，可能知覺到一種跟布雷克所見的世界同樣巨大、美麗而重要的內在現實，但在文學或造型象徵符號方面，卻徹底缺乏表達他所見之物的能力。

從宗教紀錄與留存至今的詩歌與造型藝術不朽之作來看，很清楚的是，大多數時候在大多數地方，人對於內在本質賦予的重要性多過客觀存在，覺得他們閉上眼睛看到的事物，具備的性靈重要性高過他們睜著眼睛看到的。理由呢？親暱生狎侮，還有如何生存是一種緊急程度不等，從長期枯燥乏味到痛楚難當都包括在內的問題。外在世界是我們人生中每個早晨醒來都要面對的，是

57 基路伯（Cherub，複數是Cherubim）又稱智天使，在繪畫中常被畫成像是長有翅膀的兒童。書，但其中還包含了一組喬叟著作《坎特伯利故事》的插畫。

我們無論意願如何，都必須設法掙錢謀生的地方。在內在世界，沒有工作也沒有單調。我們只在夢境與沉思中造訪它，而它又這麼奇特，讓我們絕對不會連續兩次找到相同的世界。那就難怪人類在搜尋神聖的時候，普遍偏愛往內部去看！普遍如此，但並不總是如此。道教徒與禪宗佛教徒，在他們的藝術與他們的宗教中都一樣，所見超過幻視而直達「空」，透過「空」看到客觀現實的「萬物」。基督徒因為道成肉身[58]教義，從一開始應該就能夠採用同樣的態度，來對待他們周遭的宇宙。不過因為亞當夏娃墮落的教義，他們發現要這麼做非常困難。近至三百年前，表達徹底拒絕世界、甚至譴責這個世界，都是合乎正統而可以理解的。「我們應該對自然界的任何事物都完全不感到驚奇，只有基督的道成肉身例外。」在十七世紀，拉勒蒙[59]的話似乎很有道理。在今天，它讀起來有瘋狂的味道。

58 出自《聖經．約翰福音》第一章第十四節。

59 拉勒蒙（Louis Lallemant，1578-1635）是法國耶穌會會士，強調沉思祈禱的重要性比工作或神學研究更高。

風景畫在中國崛起，躋身於主要藝術形式之列大約是在一千年前，在日本則是大約六百年前，在歐洲則是約三百年前。把法身等同於圍籬是那些禪宗大師提出的看法，他們把道家自然主義結合到佛教超驗主義上。因此，只有在遠東，風景畫家有意識地把他們的藝術視為宗教性的。在西方，宗教畫指的是為神聖人物畫肖像、替聖典繪製插圖。風景畫家把自己看成世俗之人。今天我們認可秀拉或可稱為「神祕主義風景畫」的頂尖大師之一。然而這名男性——他能夠比任何他人都更有效果地描繪眾多中的「唯一」（the One）——在別人為了他作品裡的「詩歌」褒揚他的時候，他卻變得相當義憤填膺。「我就只是應用了『系統』，」他這麼抗議。換句話說，他只是個點彩畫家，在他自己眼中，除此之外別無其他。約翰．康斯特勃也有同類的軼事。布雷克人生晚年的某一天，在漢普斯德（Hampstead）跟康斯特勃見面，這位較年輕的藝術家把自己的一幅速寫拿給他看。儘管這位年邁的幻視家蔑視自然主義藝術，他看到好東西的時候就認得出來——只是當然了，由魯本斯[60]繪製時例外。「這才不是

60 魯本斯（Peter Paul Rubens，1577-1640）是巴洛克風格的法蘭德斯畫家兼外交家。

素描，」他喊道：「這是靈感！」「我的本意是要畫一張素描，」這是康斯特勃很有個人特色的回答。兩個人都是對的。它是素描，精確又真實，而在此同時它也是靈感——這種靈感所屬的秩序，至少也跟布雷克的那種秩序一樣高。漢普斯德荒野公園上的松樹，實際上可以看成跟法身是同一的。速寫是一種描繪，對象是淨化過的感知在一位偉大畫家睜開的眼睛前揭露的事物，這種描繪必然不完美，卻還是讓人留下深刻印象。從華滋華斯與惠特曼的傳統下「法身即圍籬」的沉思，還有從布雷克那種對於心靈之內「神奇原物」的幻視裡，當代詩人已經撤退到一種對於個人事務的探查之中；這相對於超乎個人的潛意識探究，也相對於以高度抽象的方式，去詮釋只屬於科學與神學性的概念，而不是既有的客觀事實。而某種類似的事情已經發生在繪畫領域裡了。在此我們見證了一種普遍性的撤退，從十九世紀主流藝術形式風景畫中撤出。這樣從風景畫中撤出，並不是進入大多數過去的傳統學派都關注過的其他內在神聖感覺與料（datum），也不是原型世界，人總是在那裡發現神話與宗教的原始材料。不，這是從向外的感覺與料撤退到個人潛意識，進入一個比有意識人格的世界更骯髒、更緊密封閉的心靈世界裡。這些用錫與高彩度塑膠做成的新鮮玩意——我以前在哪裡見過？在每間展示最新非表徵性藝術的畫廊裡。

而現在有人拿出一台留聲機，並且在唱盤上放了一張唱片。我愉快地聆聽，但體驗到的事物都完全比不上我從花朵或法蘭絨上看得到的啟示。一個天賦異稟的音樂家，會聽到對我來說完全是視覺性的天啓嗎？做這種實驗會很有意思。在此同時，音樂雖然未經歷變容，雖然保留了它正常的品質與強度，對於我理解發生在我身上的事，還有那些事件引起的更廣泛問題，音樂的貢獻不只有一點點。

夠古怪的是，我對演奏曲反應相當冷淡。莫札特的C小調鋼琴協奏曲在第一樂章後被打斷，由一張傑蘇亞多[61]牧歌的唱片取而代之。

---

61 傑蘇亞多（Carlo Gesualdo，1566-1613）義大利貴族（身兼維諾薩親王〔Prince Venosa〕與孔札伯爵〔Count of Conza〕），也是作曲家，擅長牧歌。他原本打算成為神職人員，卻因為哥哥過世必須結婚；他的第一任妻子與人通姦，他抓姦在床以後殺死兩人，但被判無罪，後來二婚也夫妻不和，晚年自我孤立，得了憂鬱症，還有些奇怪的行為（要一位僕人每天毆打他，並企圖取得聖物來治療他的精神失常），因此下文裡赫胥黎說他是「瘋狂親王」。

「這些聲音，」我讚賞地說道：「這些聲音——它們是一種回歸人類世界的橋梁。」

而就算在唱著瘋狂親王的作品中最讓人吃驚的半音歌曲時，它們仍然是一座橋梁。透過牧歌不平均的樂句，音樂追求它自己的道路，從來不在連續兩小節裡堅持同一個音調。在傑蘇亞多的音樂裡，彷彿出自韋伯斯特[62]通俗劇的神奇特色：精神上的解體，被誇大並且被推到極限，相對於全調性音樂（fully tonal music），這種傾向是調式（modal）音樂中固有的。結果產生的作品，聽起來就像是晚期的荀白克[63]可能寫出的作品。

「然而，」在我聆聽這些把反宗教改革精神病發揮到中世紀晚期藝術形式上的奇特產物時，我感覺自己非得這麼說：「然而就算他徹底支離破碎，也無

62 韋伯斯特（John Webster，約1578-約1632）英國劇作家，最知名的作品是悲劇《白魔》（*The White Devil*）與《瑪爾菲公爵夫人》（*The Duchess of Malfi*），作品裡充滿了兇殺與陰謀。

63 荀白克（Arnold Schoenberg，1874-1951）奧地利出生，後來移民到美國的作曲家兼音樂理論家，無調性音樂代表，十二音技法的創始人。

關緊要。整體是雜亂無章的。但個別碎片卻井然有序，這是一種『更高秩序』的代表。就算在解體狀態下，『最高秩序』還是勝出。就算在碎片之中，整體性仍然出現了。或許，比一部完全融貫的作品呈現得更清楚。至少你不會被某種純屬人類、憑空捏造出來的秩序，哄騙出虛假的安全感。你必須仰賴你自己對終極秩序的即時感知。所以在某個特定意義上，解體可能有它的好處。但當然這很危險，危險得恐怖。假設你回不來了，無法從混亂中脫離……」

從傑蘇亞多的牧歌，我們越過三個世紀的鴻溝，跳到阿班．貝爾格與《抒情組曲》[64]。

「這個，」我預先宣布：「會是地獄。」

但結果我錯了。實際上這音樂聽起來相當滑稽。從個人潛意識裡打撈出來的極端痛苦，接續著十二音的極端痛苦；讓我吃驚的，只有一種本質上的不協

64 阿班．貝爾格（Alban Berg，1885-1935）奧地利作曲家，荀白克的學生，採用了他的發展式變奏與十二音技巧，知名作品包括《抒情組曲》（*Lyric Suite*）與歌劇《伍采克》（*Wozzeck*）。

調，出現在甚至比傑蘇亞多更徹底的精神解體，還有用以表達它的驚人龐大才華與技術資源之間。

「他不是很自憐嗎！」我用一種缺乏同情的譏諷態度評論道。然後，「不協和音（Katzenmusik）——很有學問的不協和音。」而在多聽幾分鐘這種苦惱以後，我終於說了：「誰在乎他有什麼感受？他為什麼不能把注意力放在別的事情上？」

對於一部無疑非常傑出的作品，這種評論並不公平也不適切——但我想，並不是不相干。不論價值如何我還是引用這句話，因為在一種純粹沉思的狀態下，我對《抒情組曲》就是這種反應。

在曲子結束時，調查員建議到花園去散步。我很樂意；而雖然我的身體似乎幾乎完全跟我的心靈脫鉤分離——或者更精確地說，雖然我對於變容外在世界的覺察，再也不是伴隨著我對自己身體有機組織的覺察——我發現自己還是能夠起身，打開法式落地窗然後走出去，沒有任何一丁點猶豫。當然，感覺「我」不同於「在外面」的那些手臂與腿，不同於這完全客觀的軀幹、脖子、甚至是頭，是很古怪的。怪是怪，不過人很快就會習慣了。而且無論如何，身體似乎完全能夠照顧它自己。當然，在現實中它確實總是照顧著自己。有意識的自我能做的就只有規畫出願望，接下來這些願望是由它不怎麼能控制、而且完全不理解的力量所執行的。在它多做了任何事的時候——舉例來說，當它太努力嘗試的時候，當它擔憂的時候，當它憂懼未來的時候——它就降低了那些力量的有效性，甚至可能導致精力衰弱的身體生病。以我現在的狀態，覺察意識並不會被指涉為「自我」；身體可以說是只剩下它自己了。這意味著控制身體的生理性智能也是自己單打獨鬥。就此刻來說，在清醒時刻企圖主導一切、愛管閒事的神經質傢伙，值得慶幸地不再礙事。

我從法式落地窗走出去，走在某種棚架下方，一棵攀爬的玫瑰樹覆蓋了其中一部分，本身寬一吋、彼此之間相隔半吋的條狀木板則覆蓋了另一部分。陽光普照，條狀木板的陰影形成斑馬似的圖案，落在地板上，並且越過一張花園椅的椅面與椅背；這張椅子站在棚架的這一端。那張椅子——我會有忘記它的一天嗎？陰影落在帆布襯墊上的地方，一種色澤深沉卻在發亮的靛色條紋，跟一種白熾條紋彼此交替，那白熾色極其濃烈明亮，讓人很難相信它們有可能是藍色火焰以外的任何東西構成的。在一段似乎漫長無盡的時間裡，我凝視著與我正面遭遇的東西，不知道它是什麼，甚至也沒有特別希望知道。在任何其他時刻，我本來會看見一張上面有光影交替的椅子。今天感知徹底吞沒了概念。我極其完全地沉浸在觀看中，我實際上看到的事物極端震懾我，我甚至無法察覺到任何其他事物了。花園裡的家具，條狀木板，陽光，陰影——這些不過就是名字跟概念，只是事件之後為了實用或科學目的而做出的語言表現。這裡的事件就是這一連串的蔚藍火爐之門，由深不見底的龍膽紫色深溝隔開來。它神奇到無可表達，神奇到幾乎嚇人的程度。而在突然之間，我淺嚐了瘋狂肯定是什麼樣的感覺。思覺失調症有自己的天堂，也有自己的地獄與煉獄。我記得一位已經逝去多年的老友，跟我說過他發瘋妻子的事情。有一天，在這個疾病的早期階段，在她仍舊有片刻清明的時候，他去醫院跟她談起他們的子女。她聆聽了一會，然後打斷了他。他如何能夠忍受把時間浪費在兩個不在場的孩子身上，明明此時此地唯一真正重要的事情，就是他每次移動手臂時，在這件棕色花呢外套上製造出的那種美不可言的形式？可嘆啊，這種淨化過的感知、這種純淨單向沉思的天堂，就是不持久。這種至福的中場休息時間變得更罕見，變得更簡短，直到最後再也沒有這種中場休息了；只剩下恐怖。

大多數麥斯卡林使用者只體驗到思覺失調症天堂般的部分。這種藥只把地獄跟煉獄帶給最近剛罹患過黃疸病的人，或者苦於週期性憂鬱症或慢性焦慮的人。如果麥斯卡林跟其他藥力勉強堪比的藥物一樣，它就會有惡名昭彰的毒性，用藥本身就足以導致焦慮。但健康在合理程度的人預先就知道，就他個人而言，麥斯卡林是完全無害的，它的效果會在八或十小時後過去，不會留下宿醉，因此也不會讓人強烈渴望再來一劑。在這種知識的強化之下，他著手進行實驗的時候沒有恐懼——換句話說，沒有任何傾向要把一項奇怪得史無前例、不屬於人類的經驗，轉化成某種駭人之物，某種其實有如惡魔的東西。

正面遭遇一把看起來像是「最後審判」的椅子——或者更確切地說，正面遭遇一種在長時間與不小的困難之後，被我認定為一張椅子的「最後審判」——之後，我發現自己突然處於恐慌邊緣。我驟然感到這樣太走火入魔了。太走火入魔，雖然走這一趟是進入更強烈的美，更深刻的意義之中。就我事後回顧的分析，這種恐懼是害怕徹底暈頭轉向，害怕一顆多數時刻習於活在舒適象徵世界裡的心靈，可能在超越它承受能力的現實壓力下解體。宗教經驗的文學裡充斥著種種指涉，講到某些人太突然就直面令人畏懼的奧祕的某種顯現，以至於被痛苦與恐怖給壓倒了。在神學語言裡，這種恐懼是因為人的自我中心與神聖的純粹性並不相容，人自行加重的分離性與神的無限性也不相容。照著波姆[65]與威廉．勞的說法，我們可以說，對於不知悔改的靈魂，燃燒得最完全的神聖之光只能被理解成一種燃燒的煉獄之火。《西藏度亡經》（*The Tibetan Book of the Dead*）裡可以看到幾乎相同的信條，在此死者的靈魂被描述成會痛苦地蜷縮起來，遠離清淨法界明光（Clear Light of the Void）、甚至是更微弱而經過調節的明光，以便一頭衝進自我令人安慰的黑暗中，成為一個重新出生的人

65 雅各．波姆（Jacob Boehme，1575-1624）是德國哲學家、基督教神祕主義者；威廉．勞編輯了他的作品集，影響了威廉．布雷克。

類，甚或是成為一隻野獸、一個不快樂的鬼魂，或者一個地獄居民。比起徹底真實灼熱的光明，什麼別的都好——任何東西都好！

思覺失調症患者不只是沒有洗心革面，還是病入膏肓的靈魂。他的病態在於沒有能力在常識的樸素宇宙——由有用的概念、共享象徵符號與社會接受的習俗所構成，完全屬於人類的世界——之中避難，躲開內在與外在現實（神智健全者就習慣這麼做）。思覺失調症患者就像個永遠處於麥斯卡林影響下的人，因此無法關掉他沒有神聖到可以活在其中的那個現實所帶給他的經驗；這個現實他無法靠著解釋打發掉，因為它是最頑固的首要事實，也因為這個現實從來不容許他只用人類的眼睛去注視這個世界，他在驚恐之下，把它永不停歇的奇異性、意義的灼人強度，詮釋成人類甚或宇宙惡意的顯現，值得做出最極端的反制措施；作法從量尺一端的謀殺式暴力，到另一端的緊張症或心理性的自殺，不一而足。而一旦踏上這種走下坡的地獄之路，一個人就永遠無法停下來了。現在看來，這實在是太明顯了。

「如果你用錯誤的方式開始，」我回答調查員的問題時說道：「發生的所有事情就會是有陰謀在對付你的證據。一切都會自我證實。只要你在呼吸，就知道那是陰謀的一部分。」

「所以你認為你知道瘋狂位於何處？」

我的答案是確信而且誠心誠意的「是」。

「而你無法控制它？」

「不能，我不能控制。如果一個人一開始的主要前提就是恐懼與憎恨，這個人就必定會繼續走到那個結論。」

我太太問道：「你是否能夠把你的注意力鎖定在《西藏度亡經》裡所說的明光裡？」

我很懷疑。

「如果你能夠維持它，它是否能抵擋邪惡？或者你無法維持它？」

這個問題我考慮了好一會。

「或許，」最後我總算回答：「我或許可以——不過只在那裡有人告訴我關於明光的事情時才可行。一個人不可能靠自己做到。我想那就是西藏儀式的重點——某個人時時刻刻坐在那裡，告訴你什麼是什麼。」

在聆聽實驗這個部分的錄音後，我拿下我那本《西藏度亡經》，是伊文思溫慈[66]譯本，隨手打開一頁。「喔，出身高貴之人，別讓你的心神分散。」那正是問題所在——保持心神不分散。不分神去想過往罪惡的記憶、想像出來的樂趣、舊日冤屈與羞辱的殘存痛苦，還有所有在日常狀態下遮蔽明光的恐懼、憎恨與渴望。那些佛教僧侶為瀕死者與已逝者所做的事情裡，有什麼可能不是現代精神科醫師會為精神失常者所做的呢？在白晝，甚至是在他們睡覺時，讓那裡有個聲音來讓他們安心，儘管有那一切恐懼、困惑與迷亂，終極真實本身仍然無可動搖，而且就算是受到最殘酷折磨的心靈，其內在靈光都是用跟終極真實相同的實體所構成的。藉由像是錄音機、時鐘控制開關、公共演講系統與枕頭擴音器這類的設備，哪怕是人手不足的機構，應該都很容易持續提醒入院者

66 華特·伊文斯溫慈（Walter Evans-Wentz，1878-1965）是美國人類學家兼作家，是西方研究並傳播藏傳佛教的先驅。

這個原初事實。或許可以用這種方式幫助少數失落的靈魂，在他們發現自己被迫生存的這個宇宙裡——同時既美麗又駭人，但總是不屬於人類，總是徹底無可理解——贏得某種程度的控制。

在剛剛好的時刻，我被引導離開我那張花園椅令人心神不寧的燦爛光輝。一常春藤葉是從樹籬垂下的綠色拋物線，閃耀著一種像玻璃又像玉石的光彩。一會兒以後，一團盛開的火把蓮，炸開來進入我的視野。這些花朵如此熱情地充滿活力，似乎是站在發聲的邊緣，它們使勁往上朝著藍天而去。就像條狀木板下方的椅子，它們保護得太過火了。我俯視著那些葉子，然後發現最細緻的綠色光影構成巨大幽深如洞穴的繁複細節，搏動著一種無可破譯的神祕。

玫瑰：
花朵易繪，
葉片難。

正岡子規[67]的俳句（我引用的是R．H．布利斯[68]的翻譯）間接表達了我當時的確切感受——相對於它們的葉片較細緻微妙的奇蹟，花朵有著太明顯而過剩的榮光。

我們往外走進街道。一輛淡藍色的大汽車站在街邊石旁。一看到它，一種巨大的歡樂感受突然間攻克了我。從那最光亮的琺瑯質鼓起的表面上，散發出多少自滿，多麼荒謬的自我滿足啊！人以他自己的形象——或者不如說是以他在小說中最愛的角色形象，創造了那個東西。我笑到眼淚流下臉頰。

我們重回屋內。一頓飯已經準備好了。某個還沒跟我自己合而為一的人，以餓到極點的好胃口吃了起來。我隔著一段相當遠的距離旁觀，沒多大興趣。

在吃過飯以後，我們坐進車裡去兜風。麥斯卡林的影響已經在下滑了：不過花園裡的花朵仍然在超自然的邊緣顫抖，沿著後街生長的胡椒木與長角豆樹

67　正岡子規（1867-1902）明治時代知名俳人、歌人。

68　R．H．布利斯（Reginald Horace Blyth，1898-1964）是英國作家兼日本文化愛好者，留下許多論禪學與俳句的作品。

仍然明顯地屬於某一片神聖的樹叢。伊甸園與多多納[69]交替出現，世界之樹[70]與神祕玫瑰[71]交替出現。然後，突如其來地，我們到了一個十字路口，等著越過日落大道。在我們面前，車子如穩定的溪流滾滾流過——數千輛的車子，全都色澤明亮、閃閃發光，就像廣告商的夢，每一輛都比上一輛更滑稽可笑。我再度笑到全身抖動。

車流的紅海終於分開了，我們越過路口，進入另一個樹木、草坪與玫瑰的綠洲。在幾分鐘之內，我們爬到山丘上的一個制高點，這個城市就在我們之下鋪展開來。相當令人失望的是，它看起來非常像是我在其他場合見過的這個城市。就我看來，變容是跟距離成比例的。越靠近，就越神聖地像是別的東西。

69 多多納（Dodona）是希臘最古老的神諭處，位於希臘西北部。

70 世界之樹（Yggdrasil）是北歐神話裡構成整個世界的巨木。

71 受到希臘羅馬文化影響，玫瑰在基督教中有美與愛等正面象徵意義；聖母瑪麗亞的稱號之一是神祕玫瑰（Mystical Rose），基督教中還有一些聖人傳說與玫瑰有關，稱為玫瑰奇蹟，典型例子如下：中世紀聖人匈牙利的伊莉莎白偷偷帶著食物去賑濟貧民，半途中卻被丈夫截住，責問她帶了什麼東西。伊莉莎白難以答辯，但丈夫掀起她的斗篷察看時，食物已經變成一整籃的玫瑰。

這個寬廣模糊的全景，幾乎跟它自己沒什麼不同。

我們繼續開車，而只要我們繼續待在山丘上，遠處的風景連綿不斷，意義就處於日常的水準，遠低於發生變容的轉捩點。只有在我們轉進一個新的郊區，在兩排房屋之間滑行時，魔法才開始再度奏效。在這裡，儘管建築物獨特的醜陋性質，還是有種種超驗的他性（otherness）再度出現，暗示著那天早上的天堂景象。磚造煙囪與綠色組合屋頂在陽光下閃耀，就像新耶路撒冷的碎片。而突然之間，我看到瓜爾迪[72]曾見過，而且（用上多麼無與倫比的技巧！）常常在他的畫作中詮釋的景象——一面灰泥牆，上面有一道陰影斜斜穿過它，牆上一片空白，卻美得讓人難忘，空無一物，卻充滿了存在的所有意義與神祕。天啓如破曉驟現，而在幾分之一秒的時間內再度消逝。車子已經繼續往前開了；時間正在揭露另一個永恆真如的顯現。「在相同之中存在著差異。不過

72 瓜爾迪（Francesco Guardi，1712-1793）義大利貴族畫家，威尼斯畫派成員，生涯早期跟哥哥合作繪製宗教畫，但在哥哥死後逐漸轉向城市景觀畫（veduta）。

瓜爾迪作品

『差異應該不同於相同』之說，絕對不是所有佛的意圖。他們的意圖是同時兼具全體與差異。」舉例來說，這片紅色與白色的天竺葵路堤——完全不同於一百年前這條路上的那面灰泥牆。不過兩者的「本然」是一樣的，它們的無常所具備的那種永恆性質，是一樣的。

一小時後，相隔了另外十哩路，世界最大藥局之旅已經穩穩被我們拋在後頭，我們回到家裡，而我回歸到那安定人心、卻讓人深切感到不滿足的狀態，所謂的「心神正常」。

人類整體會有那麼一天能夠用不著人工天堂，這似乎是非常不可能的。大多數男女過著的日子，在最糟狀況下極其痛苦，在最佳狀態下極其單調、可憐又侷限，所以就算只是片刻，逃離的衝動與超越自我的渴望，從過去到現在都一直是靈魂的主要慾望之一。藝術與宗教，嘉年華與農神節，跳舞與聆聽雄辯滔滔——用Ｈ·Ｇ·威爾斯的話說，這一切都有著「牆中之門」[73]的功能。而

73 英國小說家Ｈ·Ｇ·威爾斯（Herbert George Wells，1866-1946）發表過一則短篇小說〈牆中之

對於私人的、日常的使用，總是有些化學麻醉品可用。所有植物鎮定劑與麻醉劑，所有長在樹上的欣快劑，在漿果中成熟或者可以從根部擠出的致幻劑——毫無例外，全都從遠古時代就為人類所知，並且有系統地加以運用了。而對於意識的那些天然調節劑，現代科學已經補上了它份內的合成物——例如三氯乙醛（chloral），還有苯丙胺（benzedrine）、溴化物（bromides）與巴比妥酸鹽類（barbiturates）。

現在這些意識調節劑大多數只能在醫囑下使用，否則就是非法使用，還有相當大的風險。西方只允許不受限制地使用酒精與菸草。所有其他化學性質的牆中之門，都被貼上麻藥的標籤，違法使用者則被稱為惡魔。

我們現在花在菸酒上的錢，比起我們的教育花費還多上許多。這當然沒

門〉（"The Door in the Wall"，1906）後來收錄在《盲人國度及其他故事》（*The Country of the Blind and Other Stories*，1911）裡，內容描述一位成功政治家的一生；他從童年開始，有過好幾次機會穿過一道門，可以進入一個讓世俗成就相形失色、顯得美麗又幸福的花園，然而他一直因為各種世俗考量而失之交臂，沒有進入那道門。

什麼好意外的。幾乎時時刻刻，幾乎每個人身上都有從自我與環境中逃避的衝動。為年輕人做點什麼的衝動只有在父母身上很強烈，而且在父母身上只會延續個幾年，就在他們的子女就學期間。同樣不令人意外的是當前對於飲酒與抽菸的態度。儘管無望酗酒者的軍隊不斷壯大，儘管成千上萬的人年年被酒駕者撞殘或撞死，受歡迎的喜劇演員還是會講關於酒精及其成癮者的笑話。而且儘管有證據把香菸跟肺癌連結在一起，實際上每個人都把抽菸草當成幾乎跟進食一樣正常與自然。從理性效益主義者的觀點，這看起來可能很古怪。對歷史學家來說，這正是你會預期的事。堅信地獄實際存在，從來不曾阻止中世紀基督徒去做他們的野心、肉慾或貪念建議去做的事情。肺癌、交通意外與數百萬可悲又製造悲劇的酗酒者，這些事實甚至比但丁時代關於地獄的事實更確切得多。可是所有這樣的事實，比起此時此地近距離感受到的渴望：為了宣洩或麻醉，想要一杯酒或者一支菸的事實，都很遙遠而缺乏實質。

且先不說別的，我們的年代是汽車與人口暴增的年代。酒精和道路安全是不相容的，而製造酒精就像製造菸草一樣，注定讓最肥沃的數百英畝土壤在實質上地力耗竭。不用說，酒精與菸草引起的問題無法靠禁令解決。普世而永存的自我超越衝動，並不會因為把現在流行的牆中之門猛然關上就被廢止。唯一合理的政策是打開其他比較好的門，希望能夠引導男男女女把他們舊有的壞習慣，換成比較沒傷害性的新習慣。某些像這樣比較好的其他大門，在本質上是社會與科技性質的，另一些門則是宗教或心理性質，還有一些是飲食、教育與運動性質的。不過，為了逃離難以忍受的自我與令人反感的環境，對於頻繁化學假期的需要，毫無疑問會繼續存在。眾人需要的是一種新藥，會舒緩並撫慰我們這個受苦的物種，而且長期帶來的傷害不會多過短期帶來的好處。這樣一種藥必須是少量見效、又可以合成的。如果它不具備這些特質，它的製造，就像葡萄酒、啤酒、烈酒跟菸草一樣，會干擾不可或缺的食物與織品纖維種植。它的毒性必須比鴉片或古柯鹼來得低，比起酒精或巴比妥酸鹽類更不可能產生不受歡迎的社會性後果，比起香菸的焦油與尼古丁更不傷害心肺。而從積極面來看，比起僅只是鎮靜或做夢般的狀態、只是全能的幻覺或者從抑制中釋放，它應該在意識中產生更有趣、本質上更寶貴的轉變。

對大多數人來說，麥斯卡林幾乎完全無害。不像酒精，它並不會驅策使用者進入某種導致鬥毆、暴力犯罪與交通意外的去抑制行動。一個受到麥斯卡林影響的人會靜靜地做自己的事。此外，他在意的事情是最有啟發性的一種經驗，這種經驗不必用代償性的宿醉來付出代價（這點當然很重要）。定期使用麥斯卡林的長期後果，我們所知甚少。服用烏羽玉芽[74]的印地安人，看起來並沒有因為這個習慣而產生身體或道德上的退化。然而既有的證據仍然稀少而簡略[75]。

74 烏羽玉芽（peyote button）是指烏羽玉頂端冠部上面像鈕扣般的東西，美洲原住民會曬乾服用。

75 作者註：J・S・斯洛特金（J. S. Slotkin）教授在美國哲學學會公報上發表的專題論文《美濃米尼族的烏羽玉教》（*Menomini Peyotism*，一九五二年十二月）中，曾經寫下「烏羽玉的習慣性使用，似乎並沒有製造出任何逐漸增加的抗藥性或依賴性。我知道許多人使用烏羽玉已經四五十年了。他們使用的烏羽玉分量是由場合的嚴肅性來決定；一般而言，他們現在使用的烏羽玉，不會比他們多年前的使用量來得多。也有些時候在祭儀之間會有一個月或更長的間隔，而他們在這段時間不使用烏羽玉，卻沒有感受到任何對它的渴求。就我個人來說，就算是連續四個週末有一連串的祭儀，我既沒有增加服用的烏羽玉份量，也不覺得有任何持續使用的需要。」顯然有好理由說「烏羽玉從來沒有被法律宣告成一種麻醉藥物，聯邦政府也不禁止使用它」。然而，「在印地安人與白人接觸的長久歷史中，白人官員通常企圖抑制烏羽玉使用，因為它被認為會擾亂他們的儘管明顯優於古柯鹼、鴉片、酒精與菸草，麥斯卡林還不是一種理想藥物。除了大部分快樂經歷變容的麥斯卡林使用者，還有少數人在這種藥物裡只發現地獄或煉獄。更有甚者，對於一種像酒精一樣要被普遍服用的藥物來說，它的效果延續的時間長到不方便。不過現在的化學與生理學實際上可以做到任何事情。如果心理學家跟社會學家會界定出理想狀態，就可以仰仗神經學家與藥學家去發現能實現理想狀態的手段，或者至少更趨近於此（因為或許從事物的本質上來說，這種理想永遠不可能完全被實現），勝過狂飲葡萄酒的過去，還有喝威士忌、抽大麻與吞服巴比妥酸鹽的現在。

想超越有自覺自我的衝動，如同我說過的，是靈魂的一種主要慾望。不

道德習俗。不過這些嘗試總是失敗。」在一則腳註裡，斯洛特金博士補充道：「聽到在美濃米尼保留區的白人天主教印地安管理官員講起烏羽玉效果與祭儀性質的離奇故事，是很驚人的事情。他們之中無人有任何一丁點對於這種植物或者宗教的第一手經驗，然而某些人幻想自己是權威人士，還寫下關於這個主題的官方報告。」

管基於什麼理由，在男人跟女人無法透過崇拜、善事與靈修等手段來超越自己的時候，他們就傾向於訴諸宗教的化學替代品——現代西方世界的酒精與「傻瓜藥丸」[76]，在東方是酒精與鴉片，在穆罕默德教[77]的世界裡則是哈希什（大麻樹脂），中美洲是酒精與大麻，安地斯山脈則是酒精與古柯葉，在南美洲更跟得上時代的地區，則是酒精跟巴比妥酸鹽。在《神聖的毒藥，天賜的酒醉》（*Poisons Sacrés, Ivresses Divines*）裡，菲利普・德・費利斯[78]引用豐富的紀錄，詳細寫下遠古以來宗教與藥物使用之間的關聯。在此摘要或者直接引述的就是他的結論。為了宗教目的使用有毒物質，是「異常普遍的……在這本書裡研究到的作法，在地球上的每個區域裡都可以被觀察到，在原始族群中並不會比發展

---

76 傻瓜藥丸（goof-pill）是巴比妥酸鹽的俗稱。

77 穆罕默德教（Mohammedan）是對伊斯蘭教信徒（穆斯林）的舊時代英語用詞，現在已經不使用，因為穆斯林覺得這個說法暗示他們更崇奉穆罕默德而非真主阿拉，有冒犯意味。

78 菲利普・德・費利斯（Philippe de Félice，1880-1964）法國牧師、神學家、宗教史學家兼大眾心理學家。

出高度文明的人群中來得少。我們因此不是在應付可以合理加以忽略的例外事實，而是一種在最寬廣的意義上合乎人性的普遍現象，任何設法要發現宗教是什麼、還有宗教必須滿足哪些深層需要的人，都無法無視於這種現象。」

理想上，每個人都應該能夠在某種形式的純粹或應用宗教中找到自我超越。在實踐上，這種期望中的完滿，似乎永遠不太可能實現。而且毫無疑問，現在與將來永遠都會有些善良的男女神職人員，對他們來說很不幸，光虔誠是不夠的。已故的G．K．卻斯特頓[79]把飲酒寫得至少跟宗教禮拜一樣充滿抒情意味，他就可以當成他們口才便給的發言人。

除了新教徒分支之中的某些例外，現代教會都容忍酒精；但就連容忍度最高的分支，都沒有嘗試要讓這種藥物皈依基督教，或者把它的使用變成聖禮的一部分。虔誠的飲酒者被迫把他的信仰放在一個隔間裡，他的宗教替代品則放

79 G．K．卻斯特頓（Gilbert Keith Chesterton，1874-1936）英國作家、文學評論家兼神學家，天主教徒，名作之一是從《布朗神父的天真》（*The Innocence of Father Brown*）開始的推理小說布朗神父系列。

在另一個隔間。或許這是免不了的。飲酒無法融入聖禮中，除非那些宗教不重視禮節。對於希臘酒神戴奧尼索斯或者塞爾特啤酒之神的崇拜，是吵雜而混亂無序的事。基督教的祭儀甚至跟宗教性的酒醉不相容。這對釀酒者無傷，但對基督教卻很不好。無數人欲求著自我超越，而且會很樂意在教堂裡找到它。但可嘆的是：「飢餓的羊群抬頭張望，卻未得餵養。[80]」他們參與祭儀，他們聆聽布道，他們反覆祈禱；但他們的飢渴仍然未得紓解。他們失望了，轉向酒瓶。至少有一陣子，這樣做以某種方式奏效了。人可能還是會上教堂；但這不過就是巴特勒的《烏有鄉》[81]裡的音樂銀行。神可能還是得到承認；但祂只有口頭

---

80 出自英國詩人米爾頓（John Milton，1608-1674）為死於海難的友人所作的牧歌體輓歌〈利希達斯〉（"Lycidas"，1637）。

81 巴特勒（Samuel Butler，1835-1902）是英國小說家兼評論家，《烏有鄉》（*Erewhon*，1872）是他寫的諷刺性烏托邦小說。在烏有鄉有兩種貨幣，一種貨幣是平常交易用的，另一種設計美麗的貨幣只有在莊嚴美麗又飄盪著音樂的「音樂銀行」才能取得，當地的體面富裕居民每星期會去那裡領一次，還喜歡帶在身上讓人看到。這個段落在諷刺當時（維多利亞時代）的人定期上教堂裝模作樣的假虔誠。

上，只有在嚴格匹克威克式的意義上才是神。崇拜的有效對象是酒瓶，唯一的宗教經驗是喝掉第三杯雞尾酒以後不受控又好鬥的狂喜。

所以我們看出基督教與酒精沒有混在一起，也不能混在一起。基督教與麥斯卡林似乎更相容得多。從德州開始，最遠北達威斯康辛，許多印地安部落都展現出這一點。在這些部落中，可以發現一些群體跟美洲原住民教會關係密切，這個支派的主要祭儀是一種早期基督教式的聖愛（Agape），或稱愛筵（Love-Feast），其中切片的烏羽玉會取代聖餐麵包與聖餐酒。這些美洲原住民把這種仙人掌視為神給印地安人的特殊禮贈，把它的影響等同於聖靈的運作。

J．S．斯洛特金教授——極少數曾經參與烏羽玉教信眾聚會祭儀的白人之一——在談到他的信徒同胞時說，他們「肯定不是在藥力下昏沉或者醉了……他們從來沒有像喝醉或者昏沉的人那樣，說出禱詞時脫拍或者口齒不清……他們都很安靜、有禮而且彼此體諒。我從來沒有在任何白人進行崇拜之處，感受到這麼多的宗教情感或禮節。」而我們可以問，這些虔誠又行為良好的烏羽玉信徒體驗到的是什麼？不是讓一般週日上教堂信徒安分撐過九十分鐘的無聊，那種溫和意義上的美德。甚至不是虔誠之人想起造物主兼救世主、審判者兼撫慰者，受此鼓舞而激發出來的那些高亢情緒。對於這些美洲原住民，宗教經驗是更加直接又有啟發性的東西，更自動自發，比較不是膚淺、過度自覺的心靈自己炮製出的產物。有時候（根據斯洛特金教授收集到的報告）他們看到一些幻象，可能就是關於基督本人的幻象。有時候他們聽到「大靈」（Great Spirit）的聲音。有時候他們開始察覺到神的出現，還有他們如果要遂行祂的意志，必須糾正的那些個人缺陷。這些用化學方式開門進入他界的實際後果，似乎全然是好的。斯洛特金博士報告說，養成習慣的烏羽玉教徒整體而言更加勤勉、更溫和節制（他們許多人都徹底禁酒），比非烏羽玉教徒更平和。一棵果實這樣令人滿意的樹，無法立刻就宣告它是邪惡的。

把使用烏羽玉當成聖禮的時候，美洲原住民教會的印地安人做了某件心理上很健全、歷史上也值得尊敬的事情。在基督教剛開始的幾個世紀裡，許多異教儀式與節慶，姑且這麼說，接受了洗禮，然後被用來服務教會的目的。這些歡慶並不特別教化人心；但它們緩和了某種精神飢餓，而較早的傳教士沒有試圖壓抑它們，反而意識到要如實接受它們——對於根本的衝動而言，它們是滿足靈魂的表達——然後把它們整合到新宗教的紋理之中。美洲原住民所做的事情本質上是相似的。他們採用一個異教習俗（順便一提，比起大多數從歐洲異教吸收過來，相當粗野的狂歡酒宴或做作的儀式，這個習俗更高尚、更啟迪人心得多），然後給它一種基督教式的重要意義。

雖然不是最近才引進美國北部，食用烏羽玉和以此為基礎的宗教，已經變成北美原住民性靈獨立的重要象徵了。某些印地安人對於白人至上論的反應是變得美國化，其他人則是撤退到傳統的印地安主義。但某些人已經嘗試結合兩個世界，事實上擁有所有世界的好處：印地安主義的精華，基督教的精華，還有那些超驗他界的精華；在這樣的他界中，靈魂認識的自己不受條件限制，而且跟神聖之物有相似的本質。因此出現了美洲原住民教會。在其中，靈魂的兩種最大慾望：獨立自決的衝動，還有自我超越的衝動，跟第三種崇拜的衝動融合起來，並且根據第三種衝動來做出詮釋，以此向人證成神之道，並透過融貫的神學來解釋這個宇宙。

看啊，可憐的印地安人，他們未受教化的心靈
用衣服覆蓋他的前方，卻讓他後方裸露。[82]

但實際上是我們，高教育程度的富有白人，讓自己後方裸露。我們用某種哲學——基督教哲學、馬克思主義哲學、佛洛伊德物理主義——來蓋住我們後方的赤裸，但我們的尾部仍然無遮無掩，要任憑四面八方吹來的風擺布。另一方面，可憐的印地安人有保護自己後方的智慧，方法是用超越經驗做的腰布，來補神學無花果葉之不足。

我沒有蠢到把麥斯卡林或者任何其他藥物（無論是既有的，還是將來會

82 這段話出自喬治・杭特（George Hunter，1835-1898）的描述西部拓荒生活的回憶錄《一名舊時代老人的回憶》（*Reminiscences of an Old Timer*，1887）；這段話又是改造了十八世紀英國詩人亞歷山大・波普（Alexander Pope，1688-1744）的詩〈論人類〉（"An Essay on Man"）其中一句：「看啊！可憐的印地安人，他們未受教化的心靈／在雲層中看見神，或者在風中聽見祂。」

準備好的藥物）影響下發生的事，等同於實現了人類最後終極目的：啟蒙，榮福直觀。我指出的就只是，麥斯卡林體驗就是天主教神學家所謂的「無由的恩寵」，並不必然達到救贖，卻有潛在幫助，如果可以取得，就要感激地接受。被甩出日常感知的窠臼之外，在沒有時間感的幾小時中得以見到外在與內在世界的展現，而且看到的不是它們在滿腦子生存的動物、或者滿腦子語文與概念的人類面前展現的樣子，而是它們直接而無條件地被自由心靈理解的樣子——因此對任何人來說，都是價值無可估量的一種經驗，對知識份子來說尤其如此。因為用歌德的話來說，知識份子的定義是：對這種人來說，「文字本質上就是成果豐碩的」。知識份子這種人會覺得「我們用眼睛感知的事物，在這種狀態下對我們來說是陌生的，而且不需要讓我們留下深刻印象」。然而，雖然歌德自己是個知識份子，而且是語言的超凡大師之一，他卻並不總是同意他自己對於文字的評估。「我們說話，」他在中年時寫道：「遠遠講得太多了。我們應該少說點話，多畫些圖。我個人應該會喜歡徹底棄絕言詞，而且就像有機的自然界一樣，用速寫來溝通我非得說的一切。那棵無花果樹，這尾小蛇，在我窗櫺上靜靜等待自身未來的那個繭——所有這一切都是重要的簽名。一個能夠恰當解碼這些速寫意義的人，會很快就能夠徹底省掉書寫文字或口說語言。我越是思考，就越覺得言論之中有某種徒勞、平庸、甚至是（我很想這麼說）矯揉造作之處。相對來說，當你心無旁騖，在一個不毛的山脊或在古老群山的荒涼景象之前，與她面對面站著的時候，自然界的莊重與她的沉默，讓你何等震撼啊。」我們永遠無法擺脫語言跟其他象徵符號系統；因為是藉由它們，也只能藉由它們，我們才把自己提升到禽獸之上，達到人類的程度。但我們能夠輕易變成這些系統的受益人，也能同樣輕易地變成受害者。我們必須學會如何有效地掌控這些文字；但在此同時，我們必須保有我們直接注視這個世界的能力，必要時還要加強這種能力，而非透過半透明的概念媒介來觀看；這樣的媒介會扭曲每個已知事實，把它變成某種普遍標籤或解釋性抽象概念太過熟悉的相似物。

無論文學或科學，通才或專家，我們所有的教育主要都是言詞性的，因此沒能達成它應該要達到的成就。它沒有把兒童轉變成發展完整的成人，反而產出渾然不知大自然是經驗的原始事實的自然科學學生，並且把對自己或他人的人性都一無所知的人文學生，強加到這個世界上。

完形心理學家，像是山繆爾・倫蕭[83]，曾經設計出方法來拓寬人類感知的範圍，並增加其敏銳度。不過我們的教育家們有應用這些方法嗎？答案是，沒有。

從看見東西到打網球、從走鋼索到祈禱，每個心理生理技巧領域裡的教師們，已經透過嘗試錯誤，發現了在自己的特定領域裡發揮最佳功能的條件。不過有任何一個大基金會資助一項計畫，把這些經驗發現協調統整成一個強化創造力的普遍理論與實踐作法嗎？在此也一樣，就我所知，答案是，沒有。

有各式各樣的異教信徒與怪胎，教導各種達到健康、滿足與心靈平靜的技術；而對他們的許多聽眾來說，許多這樣的技術明顯有效。不過，我們有沒有

83　山繆爾・倫蕭（Samuel Renshaw，1892-1981）是美國心理學家，主要工作範圍是速讀與潛能開發。在第二次世界大戰時，他用速示器（通常是有快門系統的投影機，在短時間內顯示圖像）來訓練戰鬥機飛行員迅速分辨友軍與敵軍的飛機。

看到可敬的心理學家、哲學家跟神職人員，大膽下探這些古怪、時而惡臭難聞的深井，到達這些可憐真理太常被迫待著的井底嗎？然而再一次，答案又是沒有。

而現在看看麥斯卡林研究的歷史。七十年前，有些能力一流的人描述過健康良好、處於恰當條件下而且精神狀況正常的人，服藥之後的超越經驗。有多少哲學家、多少神學家、多少專業教育家有過這種好奇心，去打開牆中之門？實際的答案是，一個都沒有。

在一個教育主要仰賴言詞的世界裡，教育程度高的人會發現，幾乎不可能認真去注意任何不是文字或概念的東西。在博學愚行的研究領域裡，總是有金錢和博士學位，可以提供給學者們去深究這個重要得不得了的問題：誰影響了誰，在何時說了什麼？甚至在這個科技年代，語文性的人文學科都還備受尊崇。非語文性質的人文學科，直接覺察我們自身存在既有事實的藝術，幾乎完全被忽略。一份目錄、一份書目、一名三流打油詩人字字精確的作品集定本，一份統包所有索引的超巨大索引——任何真正有亞歷山大圖書館氣魄的計畫，肯定會得到認可與經濟支持。不過這關乎找到你與我、我們的子子孫孫能夠如何變得感知更敏銳，更強烈地覺察到內在與外在的現實，面對性靈更加開放，更不容易因為糟糕的精神醫療導致自己身體生病，而且更能夠控制自己的自律神經系統——要是談到比瑞典式體育訓練更基礎（而且更可能有點實際用處）的任何形式非語文教育，在任何真正體面的大學或教會裡，沒有任何真正體面的人會為此盡任何力。語文主義者懷疑非語文的事物；理性主義者懼怕既有的非理性事實；知識份子覺得「我們透過眼睛（或者以任何其他方式）感知的事物，在這種狀態下對我們來說是陌生的，而且不需要讓我們留下深刻印象」。除此之外，這種非語文人文學科的教育事務，無法融入任何既有的狹隘類別裡。它不是宗教，不是神經學，不是體育，不是道德或公民學，甚至不是實驗心理學。既然如此，從學術與基督教會的目的上來說，這個學科是不存在的，而且可以安全地徹底忽略或扔著不管，就對著那些語文正統死硬派口中的怪胎、江湖郎中、騙徒與不夠格的業餘人士，露出紆尊降貴的微笑。

「我總是發現，」布雷克相當不滿地寫道：「天使們有把自己講成唯一智者的虛榮心。他們這麼做的時候，帶著一種從系統化理性推論中萌生的自信傲慢。」

系統化理性推論，是我們無論作為整個物種還是個別的人，都不可或缺的東西。但如果我們要保持神智健全，對於我們出生的內在與外在世界，我們也不能缺乏直接感知，越沒系統越好。這個既有現實是一種超越所有理解的無限，然而卻容許人直接領會，而且是以某種方式完全領會。這是一種超越，屬於人類之外的另一個秩序，然而它呈現在我們面前的時候，可能是一種被感受到的內在固有性質，一種被體驗到的參與。被啟蒙就是永遠覺察到整體現實自身的內在他性——覺察到它，然而仍舊像動物一樣生存、像人類一樣思考感覺，處於每次有急用就訴諸系統化理性思維的狀態。我們的目標是發現我們總是在自己應該在的地方。很不幸的是，我們讓這個任務太難了。然而在此同時，有無由的恩賜存在，其形式是不完全又稍縱即逝的領悟。在一個比起我們的系統更合乎現實、沒那麼全然仰賴語文的教育系統裡，每位天使（照布雷克對這個詞彙的定義）都會被允許得到一個安息日獎賞，會被敦促、甚至在必要時被迫偶爾來趟旅行，穿過化學的牆中之門，進入超越性經驗的世界。如果這嚇著他了，誠屬不幸，但可能有益健康。如果這帶給他短暫卻有永恆價值的啟發，就更好了。無論是哪種狀況，天使可能都會失去一點從系統化理性推論、還有已經飽覽群書的意識中萌生的自信傲慢。

在接近人生終點的時候，阿奎那體驗到了傾注默觀[84]。在那之後，他拒絕回頭繼續寫他未完成的書。跟這個相比，他曾經讀過、論證過並且寫過的一切——亞里斯多德、四部語錄[85]、種種問題以及命題，還有崇高的《神學大全》——都沒有比粗糠或稻草更好。對大部分的知識份子來說，這樣的靜坐罷

---

84 所謂的傾注默觀（Infused Contem-plation）是在內在的靜默中與基督的意識共融，這是信徒被動接受神的恩寵，不是信徒主動求得的。

85 中世紀經院哲學家彼得·倫巴德（Peter Lombard，1100-1160）編纂了一本收集基督教教父們經典文章的文集《四部語錄》（*Sentences*），是當時神學學生必讀教科書，包括許多經院哲學家都為此書作注釋，阿奎那的早期代表作之一就是《四部語錄評註》（*Commentary on the Sentences of Peter Lombard*）。阿奎那另外有多部論文的篇名開頭是論某某問題（Disputed Question on……），《神學大全》裡面也有列出種種命題加以討論。

工會很不明智，甚至是道德上錯誤的。不過天使博士[86]做過的系統化理性推論，比任何一打尋常天使都來得多，而且已經成熟到可以面對死亡了。在他有限生命的最後幾個月裡，他已經贏得權利，可以從只是象徵性的稻草與粗糠，轉向真切與實質事實的麵包。對於較低階而且比較有望長壽的天使來說，肯定會有朝向稻草的回歸。不過從牆中之門回來的人，永遠不會跟當初出去的那個人完全一樣了。他會比較明智，但沒那麼獨斷，會比較快樂，但較不自滿；承認自身無知的時候比較謙遜，然而更有準備去理解字詞與事物之間的關係，還有系統化理性推論與它永遠嘗試領會，卻終歸徒勞的無邊神祕之間的關係。

86 這是基督教會對阿奎那的尊稱之一。

天堂與地獄

在科學史上，標本收集者出現得比動物學家早，追隨在自然神學與魔法的倡導者之後。他不再按照動物寓言故事作者們的精神來研究動物；對他們來說，螞蟻是勤勉的化身，豹子是基督的象徵（這真夠讓人驚訝了），歐洲鼬則是無節制淫亂的驚人例子。不過，除了在很初步的方面以外，標本收集者還不是個生理學家、生態學家或動物行為的學生。他的主要關懷是做數量普查，去獵捕、殺害、剝製標本並描述盡可能多種他能弄到手的野獸。

就像一百年前的地球，我們的心靈仍然有它自己最黑暗的非洲大陸，它自己尚未繪製地圖的婆羅洲與亞馬遜盆地。在跟這些區域的動物群有關時，我們還不是動物學家，只是博物學家與標本收集者。這個事實很不幸；但我們必須接受它，必須盡可能利用它。無論多低下，在我們能夠往前進行更高階的科學任務，分類、分析、實驗與建立理論以前，都必須先做到收集者的工作。

就像長頸鹿與鴨嘴獸，居住在心靈中較偏遠地區的生物，都非常不可能實際存在。儘管如此，它們存在著，它們是觀察的事實；在這種狀態下，任何人要是誠心試圖理解他所居住的世界，都不可能忽略它們。

要講到心理性的事件是很困難的，幾乎不可能，除非是從較熟悉的有形物質宇宙裡借用明喻。如果我利用了地理學與動物學的隱喻，這不是出於放縱，不只是因為對圖像化語言上癮。這是因為這樣的隱喻，非常強力地表達出心靈遠方大陸根本上的他性，還有它們的居民完全的自主與自給自足。一個人是這樣組成的：有一個我所謂的個人意識的舊世界，而在相隔一個大海之後，是一連串的新世界——個人潛意識與植物性靈魂[87]是不太遙遠的維吉尼亞州與卡羅萊納州；集體無意識則是遙遠的西部，有由象徵物構成的植物群，還有它的原住民部族，原型；然後跨過另一個更寬廣些的海洋，在日常意識的對蹠點[88]上，是「幻視經驗」的世界。

如果你去新南威爾斯，你會看到有袋動物在鄉間到處跳動。而如果你去

87 在亞里斯多德的思想中，植物擁有的那種靈魂有能力成長跟繁衍，卻沒有能力接收感官印象或對此作反應，也沒有理性思考能力。

88 在幾何學上，球面直徑上的兩點（也就是從球面上的一點，穿過球心抵達另一點）互為對蹠點，它們也是球面上相距最遠的兩點；在地理學上的對蹠點就是地球兩端相距最遠的點，寒暑氣候與晝夜會剛好相反。以實例來說，台灣北部的對蹠點是阿根廷的福爾摩沙省。

了自我意識心靈的對蹠點，你就會遇到至少跟袋鼠一樣古怪的各種動物。你沒有發明這些生物，就像你也沒有發明有袋動物。它們在完全獨立狀態下過著自己的日子。一個人無法控制它們。他能做的就是去心靈上的澳洲，然後環顧四周。

某些人從來不曾有意識地去發現他們的對蹠點。其他人則偶爾登陸一下。另外一些人（不過他們為數極少）發現很容易隨心所欲自由來去。對於心靈的博物學家、心理學標本的收集者來說，主要的需求是某個安全、容易與可靠的方法，把自己和他人從舊世界傳送到新世界，從有著熟悉牛馬的大陸，傳送到有沙袋鼠和鴨嘴獸的大陸去。

有兩個方法。沒有一個是完美無缺的；但兩者都足夠可靠、足夠簡單也足夠安全，讓知道自己在幹什麼的人有正當理由去使用它們。在第一個例子裡，靈魂透過一種化學物質——要不是麥斯卡林，就是麥角酸——的幫助，被傳送到遙遠的目的地。在第二個例子裡，搭載工具本質上是心理性的，而前往心靈對蹠點的旅程是由催眠達成的。兩種搭載工具把意識運送到相同的區域；不過藥物有比較長的影響時間範圍，而且載著它的乘客更進一步深入未知領域[89]。

催眠如何、為何產生出大家觀察到的那種效果？我們不知道。然而就我們現在的目的來說，我們不必知道。在這個脈絡下，唯一必要的是記錄這個事實：某些催眠受試者在出神狀態下，被傳送到心靈對蹠點中的一個區域，他們在那裡找到了有袋動物的對等物——根據自身的存在法則，過著自主生活的奇特心理學生物。

關於麥斯卡林的生理影響，我們只知道一點點。它可能（因為我們還不確定）介入了調節大腦功能的酶系統。藉由這麼做，它降低了大腦作為一種工具，專心解決我們這個星球地表上種種求生問題的效能。這種或可稱為大腦生物效能降低的狀況，似乎容許某些等級的心理事件進入意識之中，這些事件在正常狀態下會被排除，因為它們不具備生存價值。類似這樣在生物學上無用，但在美學上、有時候在性靈上有價值的材料入侵意識的狀況，可能會因為生病

89 作者註：見附錄一。

或疲憊而發生；經歷齋戒，或是在黑暗而完全靜默的地方被監禁一段時間以後，也可能引出這些後果。[90]

一個受到麥斯卡林或者麥角酸影響的人，要是得到大劑量的菸鹼酸（nicotinic acid），就會停止看見幻視。這有助於解釋齋戒作為幻視經驗誘發劑的有效性。藉由削減可得的糖份，齋戒降低了大腦的生物效能，並因此讓沒有生存價值的材料變得有可能進入意識。此外，藉由導致維生素缺乏，它從血液中移除了已知的幻視抑制劑，菸鹼酸。另一種幻視經驗抑制劑就是普通而日常的感知經驗。實驗心理學家已經發現，如果你把一個人關在「受限環境」中，那裡沒有光、沒有聲音、聞不到任何味道，他還被放進一個溫水浴缸裡，只有一樣幾乎感知不到的東西可以摸，這位受害者會很快就開始「看見東西」，「聽見怪聲」，還有奇怪的身體感覺。

90 作者註：見附錄二。

密勒日巴[91]在他位於喜馬拉雅山的洞窟裡，還有提貝德[92]的隱士們，基本上遵循相同的程序，基本上也得到相同的結果。有一千張描繪「聖安東尼的誘惑」[93]的圖畫，見證了限制飲食與限制環境的有效性。很明顯的，禁慾苦行有雙重動機。如果男男女女折磨自己的身體，這不只是因為他們希望以這種方式補贖過往的罪惡，並且避免將來的懲罰；這也是因為他們渴望造訪心靈的對蹠點，享受一些幻視觀光。根據經驗以及其他苦行者的報告，他們知道齋戒與受限環境會把他們傳送到他們渴望去的地方。他們加諸於己的懲罰，可能是通往天堂之門。（它也可能是通往地獄區的門——後面的一個段落裡將會討論這一點。）

91　密勒日巴（Milarepa，1052-1135）藏傳佛教噶舉派宗師。

92　提貝德（Thebaid）是古埃及的一塊區域，靠近底比斯，多半是沙漠，所以成為許多基督教隱士的隱居地。

93　聖安東尼（Anthony the Great，約251-356）羅馬帝國時期在埃及沙漠中苦修的隱士。他在沙漠中抗拒魔鬼誘惑的故事，是西方很常見的藝術與文學主題。

從舊世界居民的觀點來看，有袋動物極端奇怪。但怪異和隨機性不是同一回事。袋鼠和沙袋鼠可能缺乏逼真感；但牠們那種看似不可能實際存在的性質會自我重複，而且遵循著可辨識的法則。同樣真實的是，這些心理學生物棲居於我們心靈中較偏遠的地區。在麥斯卡林或深度催眠影響下遭遇的經驗肯定很奇怪；不過它們是有特定規律性的奇怪，照著模式走的奇怪。

這種模式加諸於我們的幻視經驗之上的共同特徵是什麼？首先最重要的是光的經驗。那些拜訪心靈對蹠點的人看見的所有事物，都被照耀得很明亮，而且似乎從內在煥發出光芒。所有顏色都被強化到遠超過常態下所見任何事物的高度，而在此同時，心靈辨識調性與色度之間細膩區別的能力，有顯著的提升。

在這方面，這些幻視經驗跟尋常夢境之間有個顯著的差異。大多數夢境沒有顏色，或者只是部分有色彩，或者色彩微弱。另一方面，幻象碰上麥斯卡林或催眠的影響，總是在顏色上極度明亮，或者可以說是明亮到超自然的程度。

卡爾文・霍爾[94]教授收集了數千個夢境的記錄，他告訴我們，所有夢境中大約有三分之二是黑白的。「三個夢裡只有一個是有顏色的，或者其中有某些顏色。」有少數的夢完全是彩色的；還有少數人從來沒有在夢中體驗過顏色；大多數人有時候夢見彩色的夢，但更常見的狀況是沒有顏色。

「我們得到這個結論，」霍爾博士寫道：「夢中的顏色，並未產出任何關於作夢者人格的資訊。」我同意這個結論。對於觀看者的人格，夢與幻視中的顏色告訴我們的事，並不會比外在世界的顏色更多。七月的花園被感知成色彩鮮明的，這種感官知覺告訴我們一些關於陽光、花朵與蝴蝶的事，但對於我們的自我，卻只說了一點點，或者什麼都沒告訴我們。同樣地，我們在幻視和某些夢境中看到明亮色彩的事實，讓我們對於心靈對蹠點的動物群略有所知，但對於棲息在我所謂心靈舊世界裡的人格，卻無論如何都沒給出任何訊息。

大多數的夢境是關乎作夢者的私人願望與本能衝動，還有當良心不贊成、

94 卡爾文・霍爾（Calvin Hall，1909-1985）美國心理學家，對於夢境做了很多研究與分析。

或者懼怕公眾意見阻撓這些願望與衝動時，所產生的衝突。這些驅力與衝突的故事，是用戲劇性象徵來講述的，而且在大多數夢境裡，這些象徵都沒有顏色。為何竟會如此？我推斷的答案是，象徵要有效，不需要有顏色。我們寫到玫瑰時，字母不需要是紅色的，而我們可以透過白紙上的墨水痕跡來描述彩虹。教科書配的插圖是線雕銅版畫跟半色調插圖；而這些沒有上色的圖像與表格，有效地傳達了資訊。

對於清醒意識來說夠好的東西，顯然對於個人潛意識來說也夠好，個人潛意識發現，有可能透過沒有顏色的象徵來表達它的意義。顏色到頭來是一種現實的試金石。既有的事物是有顏色的；我們用來創造象徵的智力與幻想湊出來的東西，是沒有顏色的。因此外在世界被感知成彩色的。夢境並不是個人潛意識所給予的，而是它編造出來的，普遍來說是黑白的。（值得評論的是，在大多數人的經驗裡，顏色最鮮明的夢是那些風景之夢，在其中沒有戲劇，沒有對於衝突的象徵性指涉，只有一個與人無關的既有事實，呈現在意識之前。）

原型世界的影像是象徵性的；但既然我們身為人並沒有編造它們，只是發現它們就在「外頭」的集體無意識之中，它們至少展現出既有現實的某些特徵，而且是有顏色的。心靈對蹠點的非象徵性居民自己獨立存在，而且就像外在世界的既有事實一樣，是彩色的。說真的，它們的顏色比外界的資訊更強烈得多。這個現象至少有部分可以這麼解釋：事實是我們對外在世界的感官知覺，習慣性地被我們賴以進行思考的語文概念遮蔽著。為了讓我們自己的發明有更容易理解的抽象概念，我們總是嘗試把事物轉換成符號。但在這麼做的時候，我們從那些事物上奪走了大量它們天生的本質。

在心靈的對蹠點，我們或多或少完全擺脫了語言，處於概念性思維系統之外。因此我們對幻視物體的感知，就像從未化為語言、從未被消化成枯燥抽象概念的經驗，具備所有的新鮮感、所有赤裸裸的強度。它們的顏色（既有性〔givenness〕的品質保證標記）閃耀出一種光輝，在我們看來是超自然的，因為它事實上完全是自然的——這裡完全自然的意思，是完全沒有被語言或者科學、哲學與效益概念弄得複雜了；藉由那些手段，我們很尋常地用我們自己沉悶的人類形象，來重新創造出既有的世界。

在《幻視之燭》[95]裡，愛爾蘭詩人ＡＥ（喬治．羅素）曾經以非凡的敏銳分析過他的幻視經驗。「在我沉思的時候，」他寫道：「我從湧入我身上的思想與影像中，感覺到人格的反映；但在靈魂中也有窗戶，透過這些窗戶能夠見到不是由人創造，而是由神聖想像力所創造的影像。」

我們的語言習慣把我們導向錯誤。舉例來說，我們傾向於說「我想像」，而這時我們本來應該說的是「簾幕被掀起來了，所以我可能看到」。不論是自發的還是被引發的，幻視從來不是我們的私產。屬於日常自我的記憶在其中沒有地位。被看見的事物是完全不熟悉的。用威廉．赫雪爾[96]爵士的話來說，就是：「不存在任何參照物或相似性，可以對應到近期見過、甚或是想到過的任何物品。」在臉孔出現的時候，它們從來不是朋友或熟人的臉孔。我們在舊世

---

95 《幻視之燭》（*Candle of Vision: Autobiography of a Mystic*，1918）是喬治．威廉．羅素（參見註釋10）的作品，他在書中描述了從他二十多歲起越來越常看到的天啓與幻視，談到了千里眼、靈魂投射旅行、神的語言、甚至不明飛行物體的目擊經驗。

96 威廉．赫雪爾（William Herschel，1738-1822）德國出生後定居英國的音樂家兼天文學家，發現了天王星。

界之外，而且在探索著對蹠點。

對我們大多數人來說，在大多數時間裡，日常經驗的世界似乎相當黯淡單調。不過對少數人來說很常見（而有一定數量的人偶爾如此）的是，某些幻視經驗的鮮明性實際上外溢出來，進入一般性的看見範圍內，日常宇宙的模樣為之一變。雖然還是可以辨識出舊世界就是它自己，舊世界卻披上了心靈對蹠點的性質。這裡有一項完全典型的描述，講的是日常世界的變容。

「我正坐在海岸邊，不太專注地聽著一位朋友激烈爭辯某件只讓我覺得無聊的事情。我自己沒有意識到，但我看著我手上黏到的薄薄一層沙，這時我突然看到每一小顆沙粒的精緻之美；我沒覺得無趣，反而看到每個顆粒是以完美的幾何圖樣構成，有尖銳的角度，每個角度都反射出一道燦亮的光，同時每個小晶體都像彩虹似地閃耀著……光線交叉後再交叉，造就出如此美麗的精緻圖樣，讓我屏息……然後，剎那間我的意識從內部被點亮了，我鮮明地看到這整個宇宙是如何以物質粒子構成，不管這些粒子看起來可能有多晦暗、多了無生氣，卻還是充滿了這種強烈而生氣蓬勃的美。有一兩秒鐘，整個世界看起來就像迸發的燦爛榮光。在它平息下來的時候，它留給我某種我從未忘卻的東西，而它一直提醒著我，鎖在我們周遭每一顆渺小物質中的美麗。」

同樣地，喬治．羅素寫到看見這個世界被「一種難以忍受的輝光」照亮；發現他自己注視著「像失落的伊甸園一樣美麗可愛的景致」；看見一個「顏色更明亮更純粹，然而造就出一種更柔和的和諧」的世界。這裡再度出現：「在風閃爍著穿過山谷時，它們閃閃發光而且澄澈如鑽石，然而充滿了色彩，就像一顆蛋白石，而我知道了，黃金時代就在我身邊，是我一直對它視而不見，但它從來沒有從這個世界消逝。」

在詩人以及宗教神秘主義文學中，可以找到許多類似的描述。舉例來說，我們會想起華滋華斯的《幼童時期不朽提示的頌歌》（*Ode on the Intimations of Immortality in Early Childhood*）；想起喬治．赫伯特[97]與亨利．沃恩[98]的某些抒情

---

97 喬治．赫伯特（George Herbert，1593-1633）英國詩人兼牧師。

98 亨利．沃恩（Henry Vaughan，1621-1695）英國形上學詩人兼醫師。

詩；特拉赫恩的《數世紀的沉思》（*Centuries of Meditations*）；蘇沆神父[99]在他自傳的某個段落裡，描述一個與世隔絕的女修道院花園，奇蹟般地轉變成天堂的一小塊碎片。

超自然的光與顏色是所有幻視經驗的共通處。而在每個例子裡，除了光與顏色之外，還有對於被強化的意義的認可。我們在心靈對蹠點看見的自行發光物體具有一種意義，而這個意義在某種程度上，跟它們的顏色一樣強烈。這裡的意義跟存在等同；因為在心靈的對蹠點上，物體不代表自己以外的任何事物。出現在集體潛意識較近範圍的影像，具備跟人類經驗基本事實有關的意義；但在這裡，在幻視世界的限制下，我們面對的事實，就像外在性質的事實一樣，同時獨立於個別與集體的人之外，它們是獨立自存的。而確切來說，它

---

99 蘇沆神父（Jean-Joseph Surin，1600-1665）是法國耶穌會神祕主義者兼驅魔師，參與了一六三四至三七年發生在盧丹（Loudun）一群修女宣稱被惡魔附身的事件。根據他的說法，當時他為其中一位修女驅魔，魔鬼反而進入他體內，導致隨後二十多年他不斷出現幻覺與身體症狀。赫胥黎在自己的著作《盧丹的惡魔》（*The Devils of Loudun*，1952）中以客觀角度詳述整個惡魔附身事件的始末，後來還被改編成劇本與電影。

們的意義存在於這一點：它們強烈地是它們自己，而且在強烈地做為自己的狀態下，它們是這個宇宙本質上的既有性（givenness），不屬於人類的他性的顯現。

光、顏色與重要意義並不是孤立存在的。它們修飾物體，或者被物體表現出來。有任何特定類型的物體，是大多數幻視經驗中共有的嗎？答案是：有，確實有。在麥斯卡林與催眠的影響之下，還有在自發性的幻視之中，某些類型的知覺經驗一再出現。

典型的麥斯卡林或麥角酸經驗，始於感知到彩色、動態而鮮活的幾何形狀。隨著時間過去，純幾何形狀會變得實在，而幻視者會感知到的不是圖樣，而是有圖樣的物體，像是地毯、雕刻和馬賽克。這些物體又讓位給寬廣複雜的建築物，而這些建築在風景之中持續地改變，從奢華繁複變成更加強烈多彩的奢華繁複，從宏偉壯觀變成更濃烈的宏偉壯觀。英雄式的形象，布雷克會稱為「熾天使」的那種，可能會單獨或者成群現形。傳說中的動物會移動越過場景。一切都新穎而驚人。幾乎從沒有一個幻視者看到任何會讓他想起自身過往的事物。他並不是回想起場景、人物或者物體，他也沒發明它們；他是在注視著一種新的創造。

這種創造的原始材料，是由日常生活的視覺經驗所提供；不過把這個素材模造成種種形式，幾乎可以肯定是某個非「自我」的人幹的好事；這個人原本擁有這些經驗，或者後來回想並且反省了這些經驗。這些經驗是（在此引用J・R・史密西斯[100]博士近期發表於《美國精神醫學雜誌》的論文中所說的話）「一種高度分化心靈隔間的工作成果，與當事人的目標、興趣或感受，在情緒上或意願上都沒有任何明顯連結」。

在此的引述或者濃縮的改寫中，是韋爾・米契爾[101]對於幻視世界的說法，他是透過烏羽玉被傳送過去的；這種仙人掌是麥斯卡林的天然來源。

100 J・R・史密西斯（John Raymond Smythies，1922-2019）是英國神經科學家、神經精神病學家兼哲學家。

101 韋爾・米契爾（Silas Weir Mitchell，1829-1914）美國醫師、科學家、小說家兼詩人，被稱為醫療神經病學之父，他對於神經衰弱症與歇斯底里症的研究影響了佛洛伊德。

在他進入那個世界之後，他看到一群「星點」，還有看起來像是「彩色玻璃碎片」的東西。然後出現了「漂浮的細緻彩色薄片」。這些景象被一陣「突然爆發的無數白色光點」所取代，橫掃了整片視野。接下來有顏色非常鮮明的鋸齒狀線條，不知怎麼的變成了色調更加燦爛的膨脹雲朵。建築物現在出現了，然後是風景。有一座設計繁複的哥德式塔樓，在門口或者石造托架上有年久磨損的雕像。

「在我的凝視下，每個突出的角、飛檐，甚至是石塊連結處的正面，都逐漸地覆蓋或者掛上成串看似巨大寶石的東西，不過是未經切割的原石，某些還更像是大堆的透明水果……全都看似具有一種內在的光。」

哥德式塔樓又讓位給一座山，一處高度難以想像的懸崖，一個突出懸於深淵之上、龐大無比的石雕鳥爪，一塊無止盡展開的彩色皺摺布匹，還有更多寶石的盛放狀態。最後是這幅景象：綠色與紫色的海浪，打在一個「上面有無數光線，跟海浪相同色調」的海灘上。

每個麥斯卡林經驗，每個在催眠下興起的幻視，都是獨特的；不過全都看得出屬於同一物種。風景、建築、成串寶石、燦爛細緻的圖樣——這些事物，在它們的超自然光線、超自然顏色與超自然意義構成的氛圍下，就是構成心靈對蹠點的東西。為什麼會是這樣，我們毫無頭緒。這是來自經驗的原始事實，不管我們喜不喜歡都得接受——就像我們必須接受有袋鼠的事實。

現在讓我們從這些幻視經驗的事實，過渡到保存在所有文化傳統裡對於「他界」——眾神、死者的靈魂、處於原初無知狀態之人所居住的世界——所做的描述。

閱讀這些敘述讓我們立刻發現，被引發或者自發的幻視經驗，還有民間傳說與宗教中的天堂與仙境之間有密切的相似性。超自然光線，超自然的色彩濃度，超自然的重要意義——這些是所有「他界」與「黃金時代」的特徵。而實質上在每個例子裡，這種有超自然顯著意義的光線，都會照亮有這種無可言喻超越之美的風景，或者從中散發出來。

因此在希臘羅馬傳統下，我們發現美麗的金蘋果園[102]、至福樂土[103]、還有美麗的路克島[104]，阿奇里斯被轉送到這裡。門農[105]去了另一個發光的島嶼，在東方的某處。奧德修斯與潘妮洛普往相反的方向旅行，在義大利跟瑟西一起享受他們的永生不朽。在西方更遠處有幸福島，第一次是出現在赫希厄德[106]筆下，而且

102 金蘋果園：在希臘神話裡，赫斯珀里德斯（Hesperides）姊妹為天后赫拉看守金蘋果樹，她們的花園是太陽神車結束一天的地方，除了金蘋果樹以外還有各種奇花異果，是人間的天堂。

103 至福樂土（Elysian Plain）是希臘宗教與哲學中發展出來的觀念，被神選中的義人與英雄死後會在這裡過著永遠幸福的生活。

104 根據希臘傳說，路克島（Island of Leuke or Leuce，Leuke/Leuce的意思是銀白楊，所以這裡又稱白島）是神話英雄、特洛伊戰爭中希臘最強戰士阿奇里斯的家，據說也是埋葬之地，這裡有祭拜他的神廟；現在此地屬於烏克蘭，名叫蛇島。

105 希臘神話中，門農（Mennon）是特洛伊王子提托諾斯（Tithonus）與黎明女神厄歐斯（Eos）之子，他殺死了希臘戰士安提洛科斯（Antilochus）；安提洛科斯之父年齡老邁無力作戰，只好央求阿奇里斯為子報仇。阿奇里斯雖然知道有預言說門農要是死了，他自己也會很快死去，還是在對戰中殺死了門農。女神厄歐斯因為門農之死哀痛落淚，打動宙斯賜予門農永生。

106 赫希厄德（Hesiod，大約西元前750-650之間）是希臘詩人，流傳至今的名作是《工作與時日》（*Works and Days*）以及《神譜》（*Theogony*）。

一般人堅信此地的存在，甚至晚到西元前一世紀的時候，塞多留[107]還計畫從西班牙派一支艦隊去發現這片土地。

神奇美麗的島嶼又出現在塞爾特民間傳說裡，也在世界另一端的日本重現。而在極西的阿瓦隆[108]與遠東的蓬萊山之間，還有北俱盧州[109]，印度人的他界。我們在《羅摩衍那》[110]裡讀到：「這片土地靠長著金蓮花的湖泊灌溉。這裡有數以千計的河流，充滿了藍寶石與青金石色的葉子；而湖泊，光輝燦爛如朝陽，有紅蓮的金色花床為它們增色。這個國度四周都覆蓋著珠寶與珍貴玉石，

107 塞多留（Quintus Sertorius，西元前123-72），古羅馬統帥，曾任西班牙總督，後來在羅馬中央的權力鬥爭中落敗，被部下暗殺。

108 阿瓦隆（Avalon）是威爾斯傳說裡的極樂世界；亞瑟王在最後一戰後身負致命重傷，有一種說法是他後來就被送到阿瓦隆去休養生息，從此長生不死。

109 北俱盧州（Uttarakuru）是婆羅門教、佛教與耆那教都有提到的一塊北方大陸，據說「人民平等安樂，壽足千年」。

110 《羅摩衍那》（*Ramayana*）是印度兩大史詩之一，作者據說是詩人蟻垤（或音譯為「跋彌」〔Valmiki〕），描述拘薩羅國王子羅摩從小到大的冒險，最重要的內容是他在神猴哈奴曼幫助之下，救回被魔王擄走的妻子悉多。

有金花瓣的藍睡蓮，長在豔麗的花床上。形成河堤的不是沙子，而是珍珠、寶石與黃金；明亮如火焰的黃金樹，垂掛在河堤上。這些樹永遠不斷長出花朵與果實，散發出甜美的芬芳，而且充滿了鳥兒。」

我們看到北俱盧州就像麥斯卡林經驗裡的風景那樣，充滿了寶石。而宗教傳統中的所有他界，實質上都共有這個特徵。每個天堂都充滿了寶石，或者至少有寶石般的物體，就像韋爾．米契爾說的那樣，看起來像是「透明的水果」。舉例來說，這裡是以西結[111]版本的伊甸園。「你曾在伊甸神的園中，佩戴各樣寶石，就是紅寶石、紅碧璽、金鋼石、水蒼玉、紅瑪瑙、碧玉、藍寶石、綠寶石、紅玉，和黃金……你是那受膏遮掩約櫃的基路伯……你在發光如火的寶石中間往來。[112]」因此在淨土宗的西方極樂淨土，四壁都是金銀與綠寶石；有堤岸充滿珠寶的湖泊，還有大量生長的蓮花，菩薩端坐在其中。

111　以西結（Ezekiel）是一位猶太先知，在西元前六世紀被擄到巴比倫，《聖經．以西結書》中描述了很多他看見的異象及對以色列的預言。

112　出自《聖經．以西結書》第二十八章第十三節至第十四節。

在描述他們的他界時，塞爾特人與條頓人很少講到寶石，卻很常講到另一個對他們來說同樣神奇的物質——玻璃。威爾斯人有個聖地叫做Ynisvitrin，玻璃之島；而日耳曼死者王國的其中一個名字叫做Glasberg（德語「玻璃山」）。這會讓人想起《啟示錄》裡的玻璃海[113]。

大多數天堂都有建築物做裝飾，而且就像樹木、水域、山丘與田野，這些建築物都因為寶石而顯得明亮。我們全都熟悉新耶路撒冷。「牆是碧玉造的；城是精金的，如同明淨的玻璃。城牆的根基是用各樣寶石修飾的。[114]」同樣的描述可以見諸於印度教、佛教與伊斯蘭教的末世論文獻中。天堂總是一個充滿寶石的地方。為什麼會是這樣？從社會與經濟參照架構來思考所有人類活動的人，會提出像這樣的答案：寶石在地球上很罕見。鮮少有人擁有寶石。面對這些事實，為了補償自己，大多數貧困的代言者在他們想像的天堂裡

113 《聖經・啟示錄》第四章第六節：「寶座前好像一個玻璃海，如同水晶。」
114 出自《聖經・啟示錄》第二十一章第十八節至第十九節。

填滿了寶石。毫無疑問，這種「天降派餅」假說中包含了些許真實性；不過它沒有解釋一開始寶石為何會被視為珍貴之物。

人類花了巨量的時間、精力跟金錢在尋找、開採與切割彩色的小石頭。為什麼？效益主義者無法解釋這樣奇異的行為。不過一等到我們把幻視經驗的事實納入考慮以後，一切就變得清清楚楚了。在幻視中，人感知到大量以西結所說的「發光如火的寶石」，還有韋爾．米歇爾描述的「透明的水果」。這些事物自己會發光，展現出一種超自然的璀璨顏色，而且有一種超自然的重要意義。最近似這些視覺照明來源的實際物體，就是寶石。取得這樣的一顆石頭，就是取得一樣事實上存在於他界，因此珍貴性得到保證的東西。

因此人對寶石有著用其他方式無法解釋的熱情，也因此人賦予珍貴玉石療效與神奇的優點。我確信，這因果鍊是從幻覺經驗的心理性他界開始，下凡到人間，然後再度攀上天堂這個神學他界。在這個脈絡下，蘇格拉底在《費多篇》[115]裡面的話就有了新的意義。他告訴我們，在物質世界之上與之外，存在著一個理型世界。「在這另一片土地上的顏色，比下面這裡的顏色更純粹也更璀璨得多……同樣的山、同樣的石頭有一種更豐富的光澤，一種更討人喜歡的透明度與色調濃度。這個較低等世界的珍貴玉石，我們高度重視的紅玉髓、碧玉、祖母綠以及所有其他玉石，都不過是上面這些玉石的小碎片而已。跟我們的每一顆寶石相比，另一片土地上沒有一顆石頭不寶貴，而且全都更加美麗。」

換句話說，珍貴玉石之所以珍貴，是因為它們跟幻視內在之眼見過的閃亮奇蹟，有著微弱的相似性。「對那個世界的觀點，」柏拉圖說，「是蒙福觀看者的一種幻視」；因為看見事物時「就如實看到它們自己的樣子」，是一種不含雜質而且難以言傳的天賜之福。

115 《費多篇》（*Phaedo*）是柏拉圖的對話錄之一，這一篇的內容是費多轉述蘇格拉底在處決當日與弟子們的最後一次交談，內容主要在討論靈魂；蘇格拉底論證靈魂不死，只有肉體朽壞，因此不必要恐懼死亡。

對於缺乏寶石或玻璃知識的人來說，裝飾天堂的不是礦物，而是花朵。璀璨到超自然程度的花朵，在原始末世論者描述的大多數他界中盛放，甚至在更先進的宗教中，有寶石裝飾又如玻璃般光滑透明的天堂裡，花朵也自有地位。一個人會想起印度教與佛教傳統裡的蓮花，還有西方的玫瑰與百合。

「神首先種植了一座花園。」[116]這段陳述表達出一種深刻的心理學真相。園藝的源頭——或者說，無論如何是它的源頭之一——就在心靈對蹠點的他界裡。當敬拜者在祭壇上供奉花朵時，他們是把他們知道、或者（如果他們不是幻視者）隱約覺得本來就屬於天堂的東西還給諸神。

而這種回歸源頭，並不只是象徵性的；這也事關立即經驗。我們的舊世界及其對蹠點之間、還有現世與彼岸之間的交流，是沿著一條雙向的街道往返進行的。舉例來說，寶石來自靈魂幻視中的天堂；不過它們也引領靈魂回到那個

116 這是英國哲學家兼政治家法蘭西斯·培根（Francis Bacon，1561-1626）的文章〈論花園〉（"On Gardens"）的第一句話。

天堂。思索著它們的時候，人發現自己（就像那句話說的）被傳送——被帶向柏拉圖對話錄裡的另一片土地，每顆卵石都是寶石的神奇地方。而玻璃與金屬手工藝品、在黑暗中燃燒的細蠟燭、花朵貝殼跟羽毛，或者像雪萊那樣，在晨昏之際讓事物變容的光線下，從尤干尼恩山丘[117]看威尼斯時所看見的那類風景，也可以製造出相同的效果。

的確，我們或許可以冒險做個普遍化概括，然後說在自然界或者藝術品中，任何東西如果像是心靈對蹠點上會遇到的其中一個極有意義又內在發光之物，就能夠引出幻視經驗，即使形式上不完整而稀薄。這時候一位催眠師會提醒我們，如果一位患者可以在引導下專注地瞪著一個閃亮的物體，他就可能會進入出神狀態；而他若是進入出神狀態，或者只是進入白日夢狀態，他很有可能會看到內在的幻視，以及變容的外在世界。

117 尤干尼恩山丘（Euganean Hills）是義大利帕杜阿（Padua）南方的火成岩山丘群，英國浪漫派詩人波西・雪萊（Percy Bysshe Shelley，1792-1822）曾在此寫下詩作〈寫於尤干尼恩山丘的詩行〉（"Lines Written Among the Euganean Hills"）。

但確切來說，一個閃亮物體的景象如何、為何會誘發一種出神或白日夢狀態？它就像維多利亞時期人士主張的那樣，是眼睛疲勞導致一般性神經耗竭的簡單狀況嗎？或者我們應該用純粹心理學的說法來解釋這個現象——當成專注力被催逼到定神[118]的地步，並導致解離？

不過這裡還有第三種可能性。閃亮的物體可能提醒我們的無意識，它在心靈對蹠點享受到的事物、還有他界中這些晦澀的生命暗示，是如此地神奇迷人，以至於我們減少了對這個世界的注意，還因此變得能夠有意識地體驗到在無意識中一直與我們同在的某種東西。

我們接著看到，在自然界有某些場景、某些類型的物件、某些素材，有力量能把觀看者的心靈傳送到心靈對蹠點的方向去，脫離日常的此世，朝幻視的他界而去。同樣地，在藝術領域裡，我們發現某些作品，甚至是某些類型的

118 定神（monoideism）是指在外力作用下，讓人把注意力長時間集中在一個意念上，甚至無法自主擺脫，像是被催眠的狀態。

作品，在其中同樣的傳送力量是很明顯的。這些引起幻視的作品，可能是用會引起幻視的原料執行的，像是玻璃、金屬、寶石或像寶石的顏料。在別的例子裡，它們的力量是因為以下事實：它們以某種有獨特表現性的方法，描繪出某種有傳送性質的場景或物體。

最佳的幻視誘發藝術，是由自己有過幻視經驗的男女製作出來的；不過任何好到合理程度的藝術家，只要遵循一個受到公認的訣竅，也可能創造出應該至少有幾分傳送力量的作品。

在所有的幻視誘發藝術中，幾乎完全仰賴其原始素材的，當然就是金匠與珠寶製作者的藝術。磨亮的金屬與寶石有這樣內在本質性的傳送力量，所以甚至連一件維多利亞時期珠寶或者新藝術珠寶，都是一種具備力量之物。而當其他的魔法——充滿藝術性地混合高貴的形式與顏色——被添加到這種閃亮金屬與自帶光輝玉石的自然魔法之上以後，我們發現自己眼前有個真正的護身符。

宗教藝術總是處處利用這些幻視誘發素材。黃金神龕、黃金象牙雕像[119]、珠寶象徵物或圖像、閃閃發光的祭壇配備——我們會在當代歐洲發現這些東西，就像它們也出現在古埃及、印度與中國，還有希臘人、印加人與阿茲提克人之間。

金匠藝術的產物在本質上是神聖的。它們在每個神祕的最核心，在每個神聖中的神聖裡有自己的位置。這種神聖的珠寶總是與燈光與燭光聯想在一起。對以西結來說，一顆寶石就是發光如火的石頭。反過來說，一道火焰就是一顆活生生的寶石，被賦予了珍貴玉石以及光亮金屬（但程度較低）的所有傳送性力量。火焰的這種傳送性力量，跟周遭的黑暗深度與範圍成比例增加。神聖性最令人印象深刻的廟宇是晨昏微光下的洞窟，洞中的幾根細蠟燭，讓祭壇上有傳送性與他界特質的寶藏有了生命。

玻璃作為幻視的誘發者，效果幾乎沒比天然寶石差。的確，在某些方面它

119 黃金象牙雕像（chryselephantine statue）是古希臘人製作的神像，通常大於真人尺寸，極其華麗，用以炫示財富及文化水準。

更有效，理由很簡單，就是有更多玻璃存在。多謝玻璃，一整棟建築物——例如巴黎聖禮拜堂（Sainte-Chapelle）、夏特爾主教座堂（Chartres Cathedral）與桑斯主教座堂（Sens Cathedral）——可以被轉變成某種神奇而有傳送力量的東西。多謝玻璃，保羅．烏切洛[120]可以設計一件直徑十三呎的圓形珠寶——他偉大的復活之窗，在誘發幻視的藝術中，或許是有史以來最了不起的單一作品。

對於中世紀的人來說，很顯然幻視經驗極端寶貴。更確切地說，是寶貴到他們準備要為此付出辛苦賺來的錢。在十二世紀，捐獻箱被放在教堂裡收集彩繪玻璃窗的維修與安裝費用。聖丹尼修道院院長絮熱（Suger）[121]告訴我們，箱子永遠都是滿滿的。

不過我們無法期待自重的藝術家，繼續做他們的父輩已經做得極好的事

120 保羅．烏切洛（Paolo Uccello，1397-1475）義大利畫家兼數學家，擅長透視法。「直徑十三呎的圓形珠寶」是譬喻，指的是下文提到的「復活之窗」，那是他在佛羅倫斯主教座堂裡製作的彩繪玻璃窗，描繪的是基督復活的景象。

121 絮熱（Suger，約1081-1151）是法國聖丹尼修道院院長，曾經是法王路易七世的顧問，甚至在國王出發進行十字軍東征時擔任攝政，提倡並協助哥德式建築普遍化。

情。在十四世紀，顏色讓位給灰色裝飾畫法（grisaille），窗戶不再會誘發幻視了。在稍後的十五世紀，顏色再度變得時興的時候，玻璃彩繪師感覺到這股慾望，同時發現他們在技術上已有準備，可以模仿文藝復興時期繪畫的透明性。結果通常很有意思；不過它們並沒有傳送效果。

然後宗教改革來了。新教徒不贊同幻視經驗，而且賦予印刷文字一種神奇的美德。在有澄淨窗戶的教堂裡，敬拜者可以讀他們的聖經與祈禱書，不會受到誘惑要逃離布道，進入他界。在天主教這邊，反宗教改革人士發現自己三心二意。他們認為幻視經驗是好事，不過他們也相信印刷的至高價值。

新教堂裡鮮少安裝彩繪玻璃，而在許多較老的教堂裡，彩繪玻璃全部或者部分被透明玻璃取代。未被遮蔽的光線，容許信徒在他們的祈禱書裡跟上禮拜儀式，而在同時看著新生代巴洛克雕塑家與建築師創造的幻視誘發作品。這些有傳送效果的作品，是用金屬與磨亮的石頭做成的。不管敬拜者轉向何處，他都會發現青銅的閃爍微光，有色大理石豐富的光輝，還有雕像那不屬於塵世的潔白。

在反宗教改革者利用玻璃的極少數場合裡，它替代的是鑽石，而非紅寶石或藍寶石。多面稜鏡在十七世紀進入宗教藝術中，而在天主教教堂裡，它們從無數枝形吊燈上垂下，直至今日。（這些魅力迷人還有點荒謬的裝飾品，是伊斯蘭教容許的極少數幻視誘發裝置之一。清真寺沒有圖像或者聖物盒；但無論如何，在近東地區，有時候會用洛可可式水晶有傳送效果的閃爍光芒來調和它們的嚴謹樸素。）

從彩繪或者雕花玻璃，我們過渡到大理石與其他經過高度磨光、可以整塊使用的石材。這類石頭發揮的魅力，可以從取得它們所花的時間與辛勞程度來衡量。舉例來說，在巴勒貝克[122]，還有更深入內陸兩三百哩遠處的帕米拉[123]，我們在這些廢墟中發現來自亞斯文[124]的粉紅花崗岩柱。這些大型巨石是在上埃及採

122 巴勒貝克（Baalbek）是位於今日黎巴嫩的古城，有大批從希臘羅馬時期流傳下來的古神殿群。
123 帕米拉（Palmyra）是位於今日敘利亞中部的古城，有大量古蹟。
124 亞斯文（Aswan）是埃及南部的古城。

集的，放在駁船上沿著尼羅河飄蕩而下，被拖著穿過地中海，到達比布魯斯[125]或的里波里[126]，然後從這些地方用公牛、騾子跟人拉到荷姆斯[127]，再從荷姆斯往南送到巴勒貝克，或者往東穿越沙漠，送到帕米拉。

何等艱鉅的苦工！而且，從效益主義觀點來看，又多麼奇妙地毫無意義啊！不過當然了，事實上這樣確實有個意義——這種意義存在於超越僅只是效用的一個區域裡。磨亮到有一種幻視式的光輝，這些玫瑰色的光軸宣告了它們與他界之間清楚的親緣關係。以付出巨大的努力為代價，人們把這些石頭從他們的採石場傳送到北回歸線；而現在作為回報，這些石頭把傳送它們的人傳送到通往心靈幻視對蹠點的半途上。

125 比布魯斯（Byblos）是黎巴嫩古城，現在的名稱叫做朱拜勒（Jbeil），源於阿拉伯語。

126 希臘與黎巴嫩都有不止一個地區或城市叫做Tripoli或Tripolis（意思是「三座城」），從前文提到比布魯斯的脈絡來判斷，這裡的的里波里（Tripolis）指的或許是古腓尼基的一個濱海區，後來發展成今日的黎巴嫩第二大城。

127 荷姆斯（Homs）是敘利亞西部的城市。

效用的問題，以及效用背後的動機，在和製陶業有關的地方再度出現。沒多少東西比鍋、盤與罐子更有用、更絕對不可或缺了。但在此同時，也沒多少人比瓷器與上釉陶器的收藏家更不關心效用了。說這些人對美有種胃口，並非充分的解釋。精緻陶器如此頻繁地在常見的醜陋環境中被展示出來，這就是足夠的證據，說明它們的擁有者渴望的不是全面表現的美，只是一個特殊種類的美——弧面反射之美，光澤柔和的釉面之美，水亮滑順的表層之美。一言以蔽之，把觀者傳送出去的美，是因為它含糊或明確地讓他想起他界的超自然光線與顏色。基本上陶匠的藝術是一種世俗藝術——但是，有無數奉獻者以一種幾乎偶像崇拜式的崇敬，來對待這種世俗藝術。然而這門世俗藝術不時被置於宗教禮拜儀式中。上釉的磁磚進入了清真寺，並進入各地的基督教教堂。從中國傳來閃閃發亮的神明與聖人陶瓷圖像。在義大利，盧卡．德拉．羅比亞[128]為他光

128 盧卡．德拉．羅比亞（Luca della Robbia，1399或1400-1482）是來自佛羅倫斯的文藝復興時期義大利雕塑家，發明了一種特殊上釉技術。

輝照人的白聖母像與兒童基督，創造出一個藍色釉料天堂。烘烤過的陶土比大理石便宜，而且在適當處置之下，幾乎有同樣的傳送效果。

柏拉圖，還有生於宗教藝術開花結果時期的聖湯瑪斯．阿奎那，都主張純粹而明亮的顏色是藝術之美的真正精髓。在這種狀況下，一幅馬諦斯[129]畫作在本質上會比一幅哥雅或林布蘭的作品更優越。一個人只要把哲學家的抽象概念轉譯成實在的詞彙，就能看到這個把普遍性的美等同於明亮純色的等式，是荒謬的。不過雖然這麼站不住腳，這條可敬的信條倒不是徹底全無道理。

明亮的純色是他界的特徵。因此用明亮純色繪製的藝術作品，在適當環境條件之下，能夠把觀看者的心靈朝對蹠點的方向傳送。明亮純色不是普遍美的本質，而只是一種特殊之美：幻視之美的本質。哥德式教堂與希臘式神廟，基督降生後第十三世紀與基督降生前第五世紀的雕像——全都有明亮的顏色。

129 馬諦斯（Henri Matisse，1869-1954）是法國野獸派代表畫家，畫作都有十分鮮明大膽的色彩。相較之下，後文裡提到的哥雅（Francisco Goya，1746-1828）與林布蘭畫作色彩都比較黯淡柔和。

對於希臘人與中世紀人來說，這種旋轉木馬藝術與蠟像秀顯然有傳送效果。對我們來說這看似很可悲。我們偏愛我們的普拉克西特列斯[130]平易近人，偏愛我們的大理石和石灰岩作品處於自然狀態。在這方面，為什麼我們的現代品味竟然這麼不同於我們的祖先？我推斷，理由在於我們已經變得太熟悉明亮純粹的顏料，無法為之大受感動了。當然，當我們在某個弘大或細膩的作品中看到這些顏色時，我們景仰它們；但光就它們本身，對我們卻沒有任何傳送效果。

多愁善感的懷舊愛好人士抱怨我們這個年代的單調乏味，並且拿它來和較早時期的歡樂明亮做了不利的對比。當然，從實際事實來看，比起古代世界，現代的顏色遠遠多上許多。青金石與蒂爾紫是所費不貲的罕見之物；王族衣物裡豐厚的天鵝絨與錦緞，在中世紀與現代早期房屋中懸掛的編織物或畫作，都是保留給少數特權階級的。

130 普拉克西特列斯（Praxiteles）是公元前四世紀的知名希臘雕塑家。

就連塵世中的大人物，都只擁有少數這種會誘發幻視的寶物。晚至十七世紀，君主們擁有的家具都還極少，所以他們在宮殿之間移動時，必須用貨車載著餐具跟床單、地毯與掛毯一起走。廣大的群眾只有自製紡織品跟少量植物染料製品；就室內裝潢而言，最佳狀況下就只有土色，最糟狀況下（而且大多數都是這樣）是「灰泥地板與糞土牆」。

在每個心靈的對蹠點，都有超自然光線與超自然顏色、理想寶石與幻視黃金構成的他界。不過在每對眼睛前方，只有家庭茅舍的陰暗骯髒、村莊街道的塵土泥巴，破爛衣物的髒白色、暗褐色與鵝糞綠。因此有一股熱情、幾乎絕望的渴望，想要明亮純粹的顏色；也因此每當這樣的顏色在教堂或者宮廷裡被展示時，就產生壓倒性的效果。今日化學工廠造出無數種超大量的顏料、墨水與染料。在我們的現代世界裡，有的是足夠的明亮顏色，保證能生產出數十億的旗幟與條狀漫畫、數百萬停車號誌與車尾燈、數以萬計的消防車與可口可樂罐子，還有無數平方哩的地毯、壁紙與非表徵性藝術。

熟悉生輕侮。我們在伍爾沃斯廉價商店[131]裡看過太多明亮的純色，不再覺得它本質上有傳送效果了。而在此我們可能注意到，因為現代科技有給予我們過多上好物件的驚人能力，通常會讓誘發幻視的傳統材料貶值。舉例來說，一座城市的照明一度是種罕見事件，只保留給勝利與國定假日、聖人封聖大典與國王的加冕典禮。現在這種事每天晚上發生，慶祝的是琴酒、香菸與牙膏的美德。

在五十年前的倫敦，電力空中招牌是新玩意，而且罕見到它們在霧濛濛的黑暗中發亮，「像是鑲嵌珠寶項鍊上的主要珠寶」[132]。在泰晤士河對面古老的散彈製造塔[133]上，黃金與紅寶石字母神奇可愛——一個仙境（une féerie）。今日仙

131 伍爾沃斯廉價商店（Woolworth's）是一八七九年在紐約成立的零售商店，一度是世界上規模最大的零售商，後來因為生意下滑，在一九九七年關閉連鎖零售商店，改名並轉型成運動用品專賣店。澳洲有另一個同名但毫無關聯的零售商集團。

132 這一句出自莎士比亞的第五十二首十四行詩。

133 這裡指的是倫敦蘭貝斯的散彈製造塔，位於泰晤士河南岸，興建於一八六二年，在一九六二年拆除，騰出空地來興建伊麗莎白女王音樂廳（Queen Elizabeth Hall）。

子們不見了。霓虹燈無所不在，而且正因為無所不在，對我們來說毫無影響，除了或許會讓我們懷舊地思念著原始時代的夜晚。

只有在泛光燈照明下，我們才會重新捕捉到在燈油與蠟油的年代、甚至是瓦斯與煤氣燈泡的年代，在無垠的黑暗之中，從實際上任何一塊明亮孤島照耀出的那種神祕出塵意義。探照燈下的巴黎聖母院與古羅馬廣場是幻視物體，有力量把觀看者的心靈傳送到他界[134]。

現代科技對於玻璃與磨亮的金屬，就像它對仙境燈光與明亮純色一樣，有相同的貶值效果。對於拔摩島的約翰[135]及其同代人來說，只能設想玻璃牆會出現在新耶路撒冷。今日它們是每棟跟得上時代的辦公室、建築與平房的一項特徵。而與這種玻璃供應過度同時出現的，是鉻與鎳的供應過度，還有不鏽鋼與鋁、以及一大堆新舊合金的供應過度。金屬表面在浴室裡對我們眨眼，在廚房

134 作者註：參見附錄三。

135 拔摩島的約翰（John of Patmos）是基督教傳統上認定的《聖經．啟示錄》作者，住在愛琴海的拔摩島上。

水槽裡發亮，以汽車還有火車的形式閃亮亮地穿越全國。

讓林布蘭著迷不已，再怎麼畫都不厭倦的那些凸面反射，現在是家庭、街頭與工廠中的常見景象。少見樂趣的細緻意義已經被弄鈍了。一度是幻視愉悅的一根細針，現在變成一塊沒人搭理的亞麻油地氈。

到目前為止，我只談誘發幻視的素材以及它們在現代科技下的心理貶值。現在該來考慮純粹的藝術手法了，幻視誘發作品就是藉著這些手段被創造出來的。

在黑暗包圍下看到的光與顏色，通常會有一種超自然的性質。羅浮宮收藏的安傑利可修士[136]作品《釘十字架》[137]有黑色的背景。安德里亞．德爾．卡斯塔

136 安傑利可修士（Fra Angelico，約1395-1455）是文藝復興早期的道明會修士畫家，只畫宗教題材，傳說中人品與藝術才華都無可挑剔，1982年被教宗若望保祿二世封為真福者。

137 這裡指的是羅浮宮收藏的安傑利可修士作品《釘十字架，弔唁者與聖道明》（*Crucifixion with Mourners and St Dominic*）。

《釘十字架，弔唁者與聖道明》

諾[138]為佛羅倫斯聖艾波隆尼亞修道院（Santa Apollonia）的修女們繪製的《基督受難圖》壁畫也是如此。因此這些出類拔萃的作品有如此的幻視強度，有這樣奇特的傳送力量。在完全不同的藝術與心理學脈絡下，同樣的手法通常被哥雅用在他的蝕刻畫裡。那些飛翔的男人、鋼索上的馬、恐懼的巨大恐怖化身——在無可穿透的夜色背景下，它們全都很突出，像是在泛光燈下。

隨著明暗對照法在十六與十七世紀的發展，夜晚從背景裡走出來，把自己安插到畫作裡，變成一種摩尼教式的、光明與黑暗之間的鬥爭場景。在這些作品被繪製的時候，它們必然具備一種真正的傳送性力量。這類事物我們全都看多了，對我們來說，它們大多數似乎就只是有戲劇效果。不過有少數幾件仍然保持著它們的魔力。舉例來說，卡拉瓦喬[139]的《從十字架上放下耶穌》；還有喬

138 安德里亞．德爾．卡斯塔諾（Andrea del Castagno，約1419-1457）是佛羅倫斯的文藝復興時期畫家。他為聖艾波隆尼亞修道院繪製的最後晚餐以及基督受難過程中的三幕場景，是他最早的成名作。

139 卡拉瓦喬（Michelangelo Merisi da Caravaggio，1571-1610）極其重要的義大利畫家，影響巴洛克畫派形成。《從十字架上放下耶穌》（*The Entombment of Christ*，1603-1604）原版現在收藏在梵

《從十字架上放下耶穌》

治・德・拉圖爾[140]畫的一打神奇畫作[141]；以及所有幻視性的林布蘭畫作，其中的光線有心靈對蹠點中的光線那樣的強度與意義，在那裡，黑暗充滿了豐富的潛能，等著輪到它們變得真確實際，讓自己耀眼地呈現在我們的意識之前。

在大多數例子裡，林布蘭畫作裡的表面主題是取自真實生活或者聖經——一個在上課的男孩，或者拔示巴沐浴；一個女人在池塘裡涉水，或者在法官面前的基督。然而這些來自他界的訊息，偶爾會透過不是取自真實生活或歷史，而是來自原型象徵領域的主題來傳達。羅浮宮裡掛著一幅《沉思中的哲學家》[142]，其象徵性的主題不多不少，就是人類的心靈，包括它擁擠的黑暗，它的知性與幻視啟發時刻，它蜿蜒上下、直入未知的神祕階梯。沉思中的哲學家坐

蒂岡博物館。

140 喬治・德・拉圖爾（Georges de Latour，1593-1652）是法國巴洛克時期畫家，大多數作品是應用明暗對照法的宗教畫。

141 作者註：參見附錄四。

142 這裡赫胥黎指的應該是林布蘭的作品《沉思中的哲學家》（*Philosophe en Méditation*，1632）。

拉圖爾《抹大拉瑪利亞的懺悔》

《沉思中的哲學家》

在那裡，在他內在啟迪之光的島嶼之上；而在那象徵性房間的另外一端，在另一個看起來更美好的島嶼上，有個老女人蹲踞在火爐前方。火光觸及她的臉，讓那張臉變容，而在具體的描繪之下，我們看到不可能的悖論與最重要的真理——感知與天啓是（或者至少可以是、應該是）相同的，現實則從每個表象中照耀出來，「唯一」是完全而無限地呈現在所有的殊相[143]之中。

隨著超自然的光線與顏色、以及寶石與不斷改變的圖樣，心靈對蹠點的訪客發現一個世界，有高雅美麗的風景，有活生生的建築與英雄般的人物。許多藝術作品的傳送力量可以歸諸於這個事實：它們的創造者繪製的場景、人物與物體，提醒了觀看者，他有意識或無意識地知道，他界就在他的心靈深處。

讓我們從人類開始，或者更確切地說，從這些偏遠區域裡不只是人類的居民開始。布雷克稱呼它們是基路伯。而在實際上，它們無疑就是——那些存在

143 殊相（particular）是與共相（universal）相對的哲學概念；共相是個別物體中擁有的共通特性，殊相則是個別存在的實體或個體。

物心理上的原版，在每個宗教的神學中都擔任人與明光之間的中介者。這些超乎人類之上的幻視經驗要角，從來不「做任何事」。（同樣地，蒙福者在天堂裡從來不「做任何事」。）光是存在著，它們就滿足了。

頂著許多名字，穿著變化無窮的各種服裝，這些人類幻視經驗中的英雄人物，出現在每個文化的宗教藝術中。有時候他們看起來在休息，有時候則是在進行歷史或神話中的行動。不過如同我們已經看到的，對於心靈對蹠點的居民來說，行動並不是自然而然出現的。忙忙碌碌是我們的存在定律，它們的定律是什麼都不做。我們逼迫這些平靜的陌生人，在我們所有太過人性的戲劇裡軋一角的時候，我們是對幻視的真理虛假以對。這就是為什麼最有傳送效果（雖然不必然是最美麗）的「基路伯」表徵內容，就是展示它們處於自己原生棲息地的樣子——沒特別在做任何事。

而那解釋了偉大的靜態宗教藝術傑作，對於觀看者造成了超過只是美學方面的壓倒性印象。埃及眾神與神王的雕像，拜占庭馬賽克畫裡的聖母與全能者[144]，中國的菩薩與羅漢，高棉的坐佛，柯潘[145]的石碑與雕像，熱帶非洲的木頭偶像——這些作品都有一個共同特徵：一種深刻的靜止性。正是這一點賦予它們精神上的屬性，讓它們有力量把觀看者從他日常經驗構成的舊世界傳送到遠方，朝著人類性靈的幻視對蹠點而去。

當然，靜態藝術並沒有任何本質上的優越之處。無論靜態或動態，糟糕的作品就是糟糕的作品。我打算暗示的是，在其他條件相同的狀況下，一個休息中的英雄人物，具備的傳送力量比動態呈現的英雄人物更大。

基路伯住在天堂與新耶路撒冷——換句話說，置身於龐大的建築物中，這些建築物座落在豐饒明亮的花園裡，看得到遠景中的平原與山岳、河流與海洋。這關乎一種即時經驗，是一種心理學的事實，被記錄在每個年代與國家的

144 「全能者」（Pantocrator）是東正教與東儀天主教會的神學概念，強調基督是慈善、嚴肅、全能的人類審判者。

145 科潘（Copán）是位於宏都拉斯西部科潘省的文明遺跡，屬於瑪雅文化下的一個城邦；當地建立的科潘王國歷史可追溯到西元前二世紀，在西元五世紀至九世紀達到巔峰，然後在不明原因下突然衰亡。

宗教文學與民間傳說之中。然而它並沒有被記錄在繪畫藝術中。

回顧人類文化的傳承，我們發現風景畫要不是不存在，就是很初步，或者是非常晚近的發展。在歐洲，風景畫藝術的完全成熟只存在了四五個世紀，在中國是不超過一千年，在印度，實質上是從來沒有。

這是個需要解釋的奇特事實。為什麼風景會找到路子進入某個特定時期與特定文化的幻視文學裡，卻沒有進入繪畫中？以這種方式提問時，問題就提供了自己的最佳答案。人可能光靠語文表達自身幻視經驗的這個面向就滿足了，而且不覺得有需要把它轉譯成圖像性語彙。

可以確定的是，這種事通常發生在個人的例子裡。舉例來說，布雷克看到的幻視風景，「清晰到超過壽命有限且在消殞中的自然能產生的一切」，而且「無窮盡地比肉眼可見的任何事物都更完美，並且經過周延的組織」。這裡有一段對這種幻視風景的描述，是布雷克在艾德斯太太[146]的某一場晚會中提出的：

146 艾德斯太太全名是Elizabeth (Eliza) Smith Aders（1785-1857），她是一位畫家，也是德國收藏家

「前幾天傍晚在散步的時候，我來到一片草坪，而在草坪較遠的角落裡我看到羊欄裡的一群羔羊。來到更近的地方時，地上紅通通的都是花朵，還有枝條編成的圍欄，而圍欄裡毛茸茸的住客，都有一種精緻的田園之美。不過我再看了一眼，事實證明那不是活生生的牲口，而是美麗的雕像。」

用顏料來繪製，我想這幅景象會看起來像某種美得不可思議的混合，是康斯特勃最新鮮的一幅油畫速寫，加上祖巴蘭[147]筆下聖光籠罩的羔羊（現存於聖地牙哥博物館）那種魔幻寫實風格畫出的動物畫。不過布雷克從來沒製造出任何哪怕是稍微近似這種圖畫的東西。他談論與書寫他的風景幻象就滿足了，並且在他的繪畫中專注於「基路伯」。

對於一個獨立藝術家來說為真的事情，對於整個學派來說可能也為真。有很多事情是人類經歷過，卻不會選擇表達出來的；或者他們可能會嘗試表達他

查爾斯．艾德斯（Charles Aders，1780-1846）的妻子，他們的沙龍是布雷克經常出入之處。

147 祖巴蘭（Francisco de Zurbarán，1598-1664）西班牙宗教畫家，擅長明暗對照法，被稱為西班牙的卡拉瓦喬。

們經歷了什麼，但只在他們的其中一種藝術裡表現。在其他例子裡，他們會用跟原始經驗沒有直接可辨識相似性的方式來自我表達。在最後這個脈絡下，庫瑪拉斯瓦米博士[148]對於遠東的神祕主義藝術有些有趣的看法——這種藝術中，「字面意義與內涵意義無法被區分開來」，而且「在一個物體『是』什麼跟它『意指』什麼之間，感覺不到區別」。

這種神祕主義藝術最重要的例子，是靈感來自禪學的風景畫，這種畫在宋朝的中國興起，並且在四個世紀之後的日本重獲新生。印度與近東地區沒有神祕主義風景畫；不過他們有對等物——「印度的毗濕奴繪畫、詩歌與音樂，在此主題是性慾之愛；而波斯的蘇菲詩歌與音樂，則是奉獻給讚揚酒醉。」[149]就像那句義大利諺語精簡的說明：「床是窮人的歌劇院。」依此類推，性

148 庫瑪拉斯瓦米（A. K. Coomaraswamy，1877-1947）是錫蘭形上學家、史學家、印度藝術哲學家，是把印度文化轉譯到西方的先驅之一。

149 作者註：A. K. Coomaraswamy, The Transformation of Nature in Art, p. 40.

是印度教徒的宋朝[150]，酒則是波斯人的印象派畫作。當然，理由在於性結合與酒醉的經驗，分享了包括風景在內的所有幻視之中，根本的他性特徵。

如果有任何一個時刻，人曾經在某種特定活動中找到滿足，可以推測的是，在這種滿足人心的活動沒有出現的時期裡，一定存在著某種跟它有同等效果的活動。舉例來說，在中世紀，人專注於以一種執迷的、幾乎是瘋狂的方式來對待文字與象徵符號。自然界的一切，都立刻被認定是某本當代聖書或傳奇中闡述過的某個概念的具體實例。

然而在歷史上的其他時期裡，人藉由承認自然界（包括人性的許多面向）的自主他性，找到了一種深沉的滿足。這種他性的經驗，藉由藝術、宗教或科學等手段被表達出來。康斯特勃與生態學，賞鳥與伊魯西斯[151]，顯微鏡學與戴奧尼索斯祭典及日本俳句，它們的中世紀對等物是什麼？我懷疑，它們會出現

150 從上下文推斷，作者的意思是性對印度教徒來說，等於宋朝的山水風景畫。

151 伊魯西斯（Eleusis）是崇拜農業女神狄米特（Demeter）及其女冥后佩瑟芬妮（Persephone）的伊魯西斯祕儀（Eleusinian Mysteries）的發源地。

在量尺一端的農神節狂歡，還有量尺另一端的神祕經驗之間。懺悔節[152]、五朔節[153]、嘉年華——這些節日容許人直接經驗到個人與社會身分認同底下的動物他性。傾注默觀則揭露了神聖的「非自我」中更特異的他性。而在兩個極端之間的某處，是幻視者的經驗，以及誘發幻視的藝術——珠寶製作者、彩繪玻璃製作者、織錦編織工、畫家、詩人與音樂家的藝術——藉由這些手段，它設法重新捕捉並重新創造這些經驗。

儘管此時的自然史不過就是一組沉悶的道德說教象徵物，處於神學的利齒之下——而這個神學不把文字看成事物的符號，反而把事物與事件當成聖經或亞里斯多德文字的符號——但我們的祖先相對來說還算神智正常。而他們達到這種壯舉，靠的是定期逃離他們自以為是的理性主義哲學，人類中心、權威主義又不做實驗的科學，以及太過伶牙俐齒的宗教構成的悶熱牢籠，進入非語

152 懺悔節（Shrovetide）是指四旬齋期開始（聖灰星期三）之前的三天。

153 五朔節（May Day）前基督教時期即已出現的歐洲傳統節日，用來慶祝夏季來臨，通常是在五月一日。

文、有別於人類的世界，這裡居住著他們的直覺、他們心靈對蹠點上的幻視動物群，以及既超越所有其他事物、又在所有其他事物之中的內住[154]性靈。

讓我們從這種範圍寬廣卻必要的離題中，回歸到一開始的那個特例。如同我們已經看到的，風景是幻視經驗的常見特徵。幻視風景的描述出現在民間傳說與宗教的古老文獻之中；但風景畫卻直到相對晚近時才出現。對於我先前說過的話，我會透過對心理對等物的解釋，針對風景畫作為幻視誘發藝術的本質，補充幾個簡短註解。

讓我們從一個問題開始。什麼樣的風景——或者更普遍地說，什麼樣的自然物體表徵——是最有傳送效果、本質上最能誘發幻視的？有鑒於我自己的經驗，以及我聽其他人談論他們對藝術品的反應，我會冒險提供一個答案。在其他條件相同的狀況下（因為沒有任何事能夠彌補天賦的欠缺），最有傳送效果的風景畫，首先是從非常遙遠的距離外表徵自然物體的那些，其次則是在近距

154 「內住」（indwell）是一種有基督教神學意義的用詞，字面意義是居於其中，強調精神內在。

離內表徵它們的那些。

距離為景致增添魅力；不過鄰近性也有相同效果。一幅描繪遠山、雲朵與激流的宋朝繪畫有傳送效果；但在海關稅務員亨利·盧梭[155]的叢林中，那些熱帶樹葉的特寫也一樣。在我注視著宋朝風景畫的時候，我想起了（或者是我的其中一個「非我」想起了）心靈對蹠點的峭壁、一望無際的平原、發光的天空與海洋。而那些消失在雲霧中的景象，某個有強烈明確性的奇異形體突如其來出現的那些情況，例如說一個飽經風霜的岩石、一株與風纏鬥多年，因此形狀扭曲的古老松樹——這些景色也有傳送效果。因為它們讓我有意無意地想起，他界在本質上的異質性與無可解釋性。

這跟特寫是一樣的。我注視著那些葉子，上面有它們的葉脈結構，它們的條紋與雜色斑點；我凝望著交織綠葉的深處，而我體內的某樣東西想起了那些

155 亨利·盧梭（Henri Rousseau，1844-1910）是自學成材的法國後印象派畫家，原本是海關稅務員，因此有Le Douanier（法文「海關稅務員」）這個稱號；他的風格純真原始，畫了許多熱帶風景，本人卻從未去過那些地方。

鮮活的圖樣，這麼有特色，這特色就是來自幻視世界，來自那些轉變成物體的幾何形式無止盡的誕生與增殖，來自永遠在變形成其他事物的東西。

這幅繪製出來的叢林特寫，就其中的一個面向來說，就是他界的模樣，而因此它傳送了我，讓我透過把藝術品變形成他物、某種超越藝術之物的眼睛看見。

我記得——記憶非常鮮明，雖然是發生在許多年前了——我跟羅傑・佛萊[156]的一段對話。我們談到莫內的《睡蓮》系列。羅傑一直堅持，它們沒有權利這樣驚人地雜亂無章，這樣徹底缺乏恰當的構圖骨架。藝術上來說，它們全都錯了。然而他必須承認，然而……然而，就如同我現在該說的，它們是有傳送效果的。一位技藝驚人的藝術家選擇繪製一幅特寫，畫的是自然物體在自身脈絡下被觀看的樣子，不指涉到專屬於人類的「什麼是什麼」、或者「什麼應該是

《睡蓮》

156 羅傑・佛萊（Roger Fry，1866-1934）英國畫家與藝術評論家，布魯姆斯伯里團體（Bloomsbury Group）的一員，最先提出「後印象派」一詞。

什麼」的概念。我們老愛說，人是萬物的尺度。在這個場合，對莫內來說，睡蓮是睡蓮的尺度；他就這麼繪製它們。

任何嘗試描繪遠景的藝術家，都必須採納同樣的非人觀點。在中國繪畫中，沿著山谷行走的旅人們多麼渺小啊！他們上方山坡處的竹舍又是多麼脆弱啊！而整片廣袤地景的其餘部分，都空曠而寂靜。這個來自荒野的啟示，按照自己的存在法則過著自己的生活，把心靈傳送到它的對蹠點去；因為原始的自然，跟不考慮我們個人願望、甚至也不考慮一般人類長期關懷的內在世界之間，有一種奇異的相似性。

只有中距離，還有或可稱為「較遠前景」的距離，是只屬於人類的。在我們看非常近或非常遠的地方時，人要不是徹底消失，就是失去他的首要性。天文學家看到的地方甚至比宋朝畫家更遠，看到的人類生命甚至更少。另一個極端則是物理學家、化學家跟生理學家，追逐特寫——細胞層級、分子層級、原子與次元子層級的特寫。在這個層級中，在二十呎、甚至一臂之遙的距離內看起來、聽起來還像人類的東西，已經無跡可尋。

某種可以類比的事情，會發生在近視的藝術家與快樂的戀人身上。在婚姻的擁抱中，人格融化了；個人（這是勞倫斯[157]的詩與小說中一再重現的主題）不再是他自己，而變成廣大非人格宇宙的一部分。

對於選擇把眼睛用在近點[158]的藝術家來說，也是如此。在他的作品裡，人類失去了它的重要性，甚至完全消失。這樣的作品不要求我們去考慮在高遠天堂裡玩神奇把戲的男男女女，反而要去考慮百合花，去沉思「區區事物本身」從效用的脈絡獨立出來，並且被如實描繪成自己原本的樣子時，那種不屬於塵世的美。另一種狀況是（或者說，在藝術發展的一個早期階段，就只有這種狀況），近點的非人世界被描繪成圖樣。這些圖樣大半是從樹葉與花朵——玫瑰、蓮花、莨菪葉、棕櫚、紙莎草——之中被抽取出來，而且透過重複與變化，發展成讓人想起他界中鮮活幾何學圖樣的某種東西，有著傳送性的力量。

157 這裡談到的應該是英國小說家D．H．勞倫斯（D. H. Lawrence，1885-1930）。
158 近點是眼睛能聚焦於物體上的最近距離，視力正常三十歲成人的近點通常是十一公分左右。

對於近點的自然界，更自由也更實際的處理方式，出現的時間相對晚近——不過遠比那些對遠景的處理方式早得多，而我們只有（錯誤地）把風景畫這個名稱賦予遠景。舉例來說，羅馬有自己的特寫風景。有幅描繪一座花園的壁畫，一度裝飾著莉維雅[159]別墅中的某個房間，就是這種藝術形式的一個傑出例子。

基於神學上的理由，伊斯蘭教大半狀況下必須滿足於「阿拉伯式藤蔓花紋」（arabesques）——華麗而且（就像在幻視中一樣）持續變化的圖樣，奠基於在近點看到的自然物體。不過就算在伊斯蘭教，真正的特寫風景也不是不為人知的。在美感與誘發幻視的力量上，沒有任何事物能夠超越大馬士革奧瑪雅大清真寺[160]的花園與建築上的馬賽克磚。

159 莉維雅（Livia Augusta，西元前59-西元29年），屋大維（後來的羅馬帝國第一任皇帝奧古斯都）的妻子，在世時權力極大，其別墅遺址留存至今。

160 奧瑪雅大清真寺（Omayyad〔另一拼法是Umayyad〕mosque）位於敘利亞首都大馬士革，是伊斯蘭教的第四大聖寺。

在中世紀歐洲，儘管盛行的狂熱要把每種感覺與料都變成一個概念，把每個即時經驗都變成只是書中某事的象徵，寫實的葉子與花朵特寫卻相當常見。我們在打獵的畫作裡發現它們——這些畫作的主題是中世紀生活中無所不在的事實：森林在獵人或者迷途旅人眼中看到的樣子，其中葉片的細節展現出它所有令人困惑的細緻性。

亞維農教皇宮殿裡的壁畫幾乎是唯一碩果僅存者，保存了甚至在喬叟的時代都還廣泛使用的一種世俗藝術形式。一世紀以後，在宏偉神奇的作品如皮桑內羅[161]的《聖修伯特》（*St Hubert*）、還有現存於牛津阿什莫林博物館的保羅．烏切洛作品《林中狩獵》（*Hunt in a Wood*）之中，這種森林特寫藝術達到它自覺的完美境界。與森林特寫壁畫密切相關的是掛毯，歐洲北部富豪們以此裝飾他們的房舍。這些掛毯裡的佼佼者，是最高等級的幻視誘發作品。以它們自己的方式，它們像是來自天堂，強烈地讓人想起心靈對蹠點發生的事情，一如在

161 皮桑內羅（Pisanello，約1380/1395-約1450/1455）是義大利文藝復興早期的傑出畫家。

皮森內羅作品

《林中狩獵》

最遠距離下的風景畫傑作——龐大孤絕的宋朝山岳，無盡美好的明朝河流，提香遙遠的藍色次阿爾卑斯山世界，還有康斯特勃的英國；透納與柯霍[162]的義大利；塞尚與梵谷的普羅旺斯；西斯萊的法國島與維亞爾的法國島。

維亞爾正好同時是傳送性特寫與傳送性遠景的最高等級大師。他的布爾喬亞室內畫是幻視誘發藝術的傑作，相較之下，像是布雷克與奧迪龍・霍東[163]這樣有意識、可說是專業的幻視家，似乎薄弱到了極點。在維亞爾的室內畫中，每個細節不管多瑣碎，甚至不管多醜陋——維多利亞時代晚期壁紙的圖樣，新藝術風格的小擺飾，布魯塞爾地毯——都被看見，並繪製成一個活生生的珠寶；所有這些珠寶都和諧地結合成一個整體，而這個整體是一個幻視強度層級更高的珠寶。而當維亞爾的新耶路撒冷上層中產階級居民去散步的時候，他們發現自己不像原本設想的那樣，人在賽納瓦茲省，而是在伊甸園，在一個他界裡；

162 尚—巴提斯特・卡彌爾・柯霍（Jean-Baptiste Camille Corot，1796-1875）法國巴比松派抒情風景畫家。

163 奧迪龍・霍東（Odilon Redon，1840-1916）法國象徵主義畫家，被視為超現實主義的先驅。

這個他界本質上還是跟現世一樣，只是經過變容，因此有傳送力量[164]。

我到目前為止只談到至福的幻視經驗、神學角度對此的詮釋，還有它如何轉譯成藝術。不過幻視經驗並不總是幸福無邊。它有時候很恐怖。除了天堂，也有地獄。

就像天堂，幻視地獄有自己的超自然光線與自己的超自然重要意義。不過這個重要意義本質上很駭人，燈光則是《西藏渡亡經》裡的「如煙如霧之光」，米爾頓筆下「看得見的黑暗」[165]。在《一位女性思覺失調患者的日記》[166]，一名年輕女子渡過瘋狂時期的自傳性紀錄裡，思覺失調者的世界被稱為「點亮的國度」。神祕主義者可能會用這個名詞來指稱他的天堂。但對可憐的思覺失調症患者蕊妮來說，那照明有如地獄一般——是一種沒有陰影的強烈通電眩光，無所不在又無可解消。對於健康幻視者來說是福佑泉源的一切事物，

164 作者註：參見附錄五。
165 典故出自彌爾頓的《失樂園》。
166 作者註：Journal d'une Schizophrène by M. A. Sèchehaye. Paris, 1950.

只帶給蕊妮恐懼，還有一種夢魘似的非現實感。夏季的陽光帶著惡意；光滑表面的閃爍微光有暗示性，不是暗示著寶石，而是機械與上釉的錫；賦予每樣物體生命力的存在強度，從近距離觀看並且脫離它的實用性脈絡時，感覺有如威脅。

然後還有無限的恐怖。對健康的幻視者來說，在一個有限殊相中感知到無限，是一種神聖內在性的天啓；對蕊妮來說，這是一種她稱為「體系」的啟示，體系是廣大的宇宙性機制，存在只為了擠出罪惡感與懲罰、孤寂與非現實[167]。

神智正常是程度的問題，而且有很多幻視者看世界的方式就跟蕊妮一樣，儘管如此卻還是設法在療養院之外過活。對他們來說，就像對積極正面的幻視者一樣，宇宙是經過變容的——然而是往壞的方向變化。其中的一切，從天上的星星到他們腳下的塵埃，都難以言喻地陰險或噁心；每個事件都充斥著一種

167 作者註：參見附錄六。

可恨的意義；每樣物體都顯現出一種「內住的恐怖」，無窮無盡，全能而永恆。

這種負面變容的世界，不時找到路子進入文學與藝術。它在梵谷後期的風景畫裡蠕動威脅；它是卡夫卡所有故事的背景與主題；它是傑利科[168]的性靈之家[169]；哥雅在他失聰而孤寂的漫長年歲裡，寄居其中；布朗寧在寫〈羅蘭公子〉[170]的時候，曾經瞥見它；在查爾斯．威廉斯[171]的小說裡，相對於聖靈顯現，

---

168 尚—路易．安德烈．提奧多爾．傑利科（Jean-Louis André Théodore Géricault，1791-1824）是法國畫家，浪漫主義的先驅，在一八二一畫了一系列共十幅精神病患的肖像，各自罹患不同疾病，其中五張留存至今。

169 作者註：參見附錄七。

170 這裡指的是英國詩人羅伯．布朗寧（Robert Browning，1812-1889）的名作〈羅蘭公子暗塔行〉（"Childe Roland to the Dark Tower Came"），主角羅蘭公子自述他朝著暗塔前行時心中的驚疑不定，氣氛陰沉不祥。

171 查爾斯．威廉斯（Charles Williams，1886-1945）英國詩人、小說家、劇作家、神學家兼評論家，最知名的小說包括《天堂戰爭》（*War in Heaven*，1930）、《下地獄》（*Descent into Hell*，1937）與《萬聖夜》（*All Hallow's Eve*，1945）等包含超自然元素的奇幻驚悚小說。

它有自己的位置。

負面幻視經驗通常伴隨著一種非常特殊而典型的身體感覺。至福的幻視通常跟脫離身體的感受相關，是一種去個體化的感覺。（毫無疑問，就是這種去個體化的感覺，讓奉行烏羽玉教的印地安人有可能在用藥的時候，不只是當成一種通往幻視世界的捷徑，也當成一種在參與者團體內部創造關愛團結的工具。）在幻視經驗很恐怖，世界往壞的方向變容的時候，個體化則被加劇了，負面幻視者發現自己跟一具似乎漸漸變得更密實、更擁擠的身體連結在一起，到最後他發現自己終於被化約成一團濃縮物質的痛苦意識；這團物質的大小，不超過雙手能合握的一塊石頭。

值得注意的是，對地獄的各種陳述中描寫到的許多懲罰，都是壓力與拘束的懲罰。但丁的罪人們被埋在泥巴裡，被禁閉在樹幹中，被凍硬在冰塊裡，在石頭下方被壓扁。煉獄在心理上是真實的。煉獄的許多痛苦是思覺失調症患者體驗過的，也是那些在不良條件下服用麥斯卡林或麥角酸的人體驗到的[172]。

這些不良條件的本質是什麼？天堂如何又為何變成地獄？在某些例子裡，負面幻視經驗是顯著身體原因導致的後果。麥斯卡林在吸收之後，通常會在肝臟中累積。如果肝臟有病，當事人的心智可能會發現自己置身地獄。不過對於我們現行的目的來說，更重要的是這個事實：有可能透過純粹心理性的手段，誘導出負面的幻視經驗。恐懼與憤怒阻礙了通往天堂般他界的路，而且把麥斯卡林使用者投入地獄。

而對於麥斯卡林使用者來說為真的事情，對於自發或者在催眠下看到幻視的人來說也為真。在這種心理基礎上，拯救信仰的神學信條被栽培出來——一種世界上所有偉大宗教傳統都會符合的信條。末世論者總是發現，他們的理性與道德很難跟心理經驗的原始事實調和。身為理性主義者與道德家，他們覺得良好行為應該被獎勵，有德之人理應上天堂。不過身為心理學家，他們知道美

172 作者註：參見附錄八。

德不是至福幻視經驗的單獨或者充分條件。他們知道事功本身沒有力量，信念或者充滿愛的信心才能保證幻視經驗會充滿福佑。

負面情緒——缺乏信心導致的恐懼，排除了愛的憎恨、憤怒或惡意——都保證了，如果有幻視經驗的話，會來得很嚇人。法利賽人[173]是有德之人；但他的美德是和負面情緒相容的那種。他的幻視經驗因此很可能是煉獄性質的，而非充滿福佑。

心靈的本質是這樣的：比起充滿自以為是的義憤，對於財產與權利充滿焦慮，根深蒂固地習於責怪、鄙視與譴責他人的自滿社會棟樑相比，悔罪並且下定決心信仰更高力量的罪人更可能擁有充滿福佑的幻視經驗。因此所有偉大的宗教傳統，都對死時的心理狀態賦予極其巨大的重要性。

幻視經驗跟神祕經驗並不一樣。神祕經驗超越兩極對立的領域。幻視經驗仍然處於那個領域中。天堂就蘊含了地獄，「上天堂」並不會比下降到恐怖之

173 聖經描述中的法利賽人，被當成死守律法不知變通的人，耶穌經常批判他們。

中更解放。天堂只是一個制高點，比起個體化存在的尋常層次，從那裡可以更清楚地看見神聖的「地上」。

如果意識從肉體死亡中活下來，想來它就是在每個心靈層次上存活著——在神祕經驗的層次，在福佑幻視經驗的層次，在煉獄幻視經驗的層次，以及在日常個體存在的層次。在生活中，如同我們從經驗與觀察中得知的，如果延續得太長，就連充滿福佑的幻視經驗通常都會改變它的徵象。

許多思覺失調症患者有他們的天堂幸福時刻；不過他們（不同於麥斯卡林使用者）不知道，他們是否會獲准回到日常經驗那讓人心安的平庸之中，如果會，又是在何時；這個事實導致就連天堂似乎都很可怕。對於那些不管基於什麼理由而感到驚駭的人來說，天堂變成了地獄，福佑變成了恐怖，明光變成了點亮之地可恨的刺眼眩光。

某種同類的事情可能在死後發生。在一瞥終極真實讓人難以忍受的璀璨之後，在天堂與地獄之間來回穿梭過之後，大多數靈魂會發現，有可能撤退到更讓人心安的心靈領域中，在那裡他們可以用自己與他人的願望、記憶與幻想，來建構一個跟他們在地球上生活時非常相像的世界。

對於那些死時是少數中的極少數，能夠立即與神聖的「地上」結合的人來說，有一些人能夠支持天堂的幻視福佑，有一些人則發現自己處於地獄的幻視恐怖之中，而且無法逃脫；絕大多數到頭來是在史威登堡[174]與靈媒們描述過的那種世界裡。毫無疑問，在滿足必要條件之後，是有可能從這個世界過渡到幻視福佑或者最後啟蒙的世界去。

我自己的猜測是，現代通靈術（spiritualism）與古代傳統雙方都是正確的。奧立佛．洛奇爵士[175]的書《雷蒙》裡面描述，存在著一個這種類型的死後狀態；不過也存在著一個福佑幻視經驗的天堂；還存在著同類型駭人幻視經驗的地獄，就像這裡的思覺失調症患者、以及某些麥斯卡林使用者忍受過的；而且

174 史威登堡（Emanuel Swedenborg，1688-1772）瑞典科學家、哲學家與神學家。

175 奧立佛．洛奇（Oliver Lodge，1851-1940）英國物理學家，研究通靈術。下文提到的《雷蒙；又名生與死》（*Raymond; or, Life and Death*，1916）是他的暢銷著作，描述了他透過靈媒，從第一次世界大戰時戰死的兒子那裡得知的訊息。

也存在著一種超越時間，與神聖的「地上」結合的經驗。

附錄

附錄一

對於幻視經驗，有另外兩個效果較差的輔助工具值得一提——二氧化碳與頻閃燈。七份氧氣與三份二氧化碳的混合（完全無毒），在吸入者身上會製造出某種身體與心理上的改變，馬杜納[176]曾經詳盡地描述過。以我們現在的討論脈絡，這些變化裡最重要的是閉眼時「看見東西」的能力顯著提升。在某些例子裡，只看到有模式的彩色渦流。在其他例子裡，可能有過往經驗的鮮明回顧。（這就是二氧化碳作為治療媒介的價值。）在另外一些例子裡，二氧化碳把受

176 拉第斯拉斯．約瑟夫．馬杜納（Ladislas Joseph Meduna，1896-1964）是匈牙利裔美國神經心理學家與精神病學家，提出可以誘發癲癇以治療思覺失調症，後來發展成電療法。

試者傳送到位於他日常意識對蹠點的他界，而享受了非常短暫的幻視經驗，與他自己的個人歷史、或者人類整體的問題，都完全沒有關聯性。

有鑒於這些事實，要理解瑜伽呼吸練習的基本原理變得很容易。有系統地執行一段時間之後，這些練習導致延長的呼吸暫停。長時間呼吸暫停導致肺部與血液中有高濃度的二氧化碳，而這樣的二氧化碳濃度增加，降低了大腦作為化約活門的效率，並且容許幻視或神祕經驗從「外界」進入意識中。

長時間持續的吼叫或歌唱，可能產生類似卻比較沒那麼強烈顯著的結果。除非受過高度訓練，唱歌的人吐出的氣通常比他們吸進的還多。因此二氧化碳在肺泡氣體與血液中的濃度是逐漸增加的，而大腦化約活門的效率降低，幻視經驗就變得有可能了。因此魔法與宗教會有沒完沒了的「重複話」[177]。Curandero（巫醫）、薩滿巫師的吟唱；基督教僧侶與佛教僧侶無止盡的聖歌演

177 重複話（vain repetitions）出自《聖經・馬太福音》第六章第七節：「你們禱告，不可像外邦人用許多重複話，他們以為話多了必蒙垂聽。」

唱與誦經；信仰復興布道會參與者一小時又一小時的大吼大叫——在所有這些多樣分歧的神學信念與美學傳統之下，心理化學——生理學上的意圖仍然固定不變。為了增加肺部與血液中的二氧化碳濃度，並以此降低大腦化約活門的效率，直到它讓自由心靈中對生物無用的素材自由通行為止——雖然那些吼叫、唱歌與叨唸的人不知道，這卻是每個時代那些魔法咒語、真言、連禱文、聖歌與經文的真正目的與重點。巴斯卡說：「心有自己的理由。」更加有力又更難以拆解得多的，是肺部、血液與酵素、還有神經元與突觸的理由。通往超意識的路是透過潛意識，而通往潛意識的那條路，或者至少是那些路的其中一條，是透過個別細胞的化學反應。

用頻閃燈，我們從化學往下降至更加基本的物理學領域。它有節奏的閃光燈，似乎透過視神經直接作用在腦部活動的放電表現上。（因為這個理由，使用頻閃燈牽涉到一種輕微的危險。有些人罹患輕微癲癇，卻沒有任何清楚無誤的症狀，所以沒察覺這個事實。要是暴露在頻閃燈下，這樣的人可能會陷入徹底的癲癇發作。這種風險不是非常大；不過總是必須認清這點。八十人中可能會有一個產生不良後果。）

閉上眼睛坐在頻閃燈前，是一種非常奇特又迷人的經驗。燈一打開，顏色最明亮的圖樣就自動變得可見了。這些圖樣不是靜態的，而是不停歇地改變著。它們此刻展現的顏色，是頻閃燈發射頻率的一個功能。在這盞燈以一秒鐘十到十四或十五次之間的任何速度閃爍時，圖樣主要是橘色與紅色的。在閃爍頻率超過每秒十五次的時候，它們的外表變成綠色與藍色的。在每秒十八或十九次的時候，圖樣變成白色與灰色的。確切來說，我們為何會在頻閃燈下看到這種圖樣，沒有人知道。最明顯的解釋，會是藉由兩個或更多個節奏——燈的節奏與腦內電力活動的各種節奏——所受的干擾來說明。這樣的干擾可能會被視覺中樞與視神經轉譯成某種東西，心靈會開始意識到它，當成是一種移動中的有色圖樣。更難解釋得多的事實是，許多不同的實驗者獨立觀察到，頻閃通常會豐富並加劇麥斯卡林或麥角酸誘發的幻視。舉例來說，在此有個例子是一位醫學界的朋友告訴我的。他使用了麥角酸，然後在閉著眼睛的狀況下，只看到有顏色並且在移動的圖樣。然後他在一個頻閃燈前面坐下。燈打開了，然後抽象幾何學圖案立刻轉變成，我朋友描述中有超凡之美的「日式風景」。不過兩種節奏的干擾到底怎麼能夠產生出這種電脈衝排列，可以被詮釋成一種自我調整的鮮活日式風景，跟當事人曾見過的任何事物都不同，超自然的光與顏色滿盈，還充斥著超自然的意義？

這個謎只是一個特例，附屬於另一個更大、更全面的謎團之下——幻視經驗以及細胞、化學與電子層次上的事件，兩者之間的關係本質為何。藉著用非常細的電極觸及某些腦區，潘菲爾德[178]得以引出關於某個過往經驗的一長串回憶。這種回憶不只是在每個感知細節上很精確；它也伴隨著在這些事件首度發生時激起的所有情緒。患者當時接受局部麻醉，發現自己同時處於兩個時空中——現在的手術室裡，還有好幾千天以前、他位於數百哩外的童年家園中。一個人會想，腦中是否有某個區域，可以透過探索的電極引出布雷克的基路

178 潘菲爾德（Wilder Penfield，1891-1976）美國出生、後半輩子在加拿大度過的神經外科醫師，對於腦部手術方法與技術貢獻良多，也致力於研究幻覺、妄想、解離與似曾相識感。

伯，或者韋爾．米契爾那種自動變形、外殼有一層活生生寶石的哥德式塔樓，或者我朋友那種美不可言的日式風景？而如果像我自己相信的那樣，幻視經驗是從「在外頭」，從無垠自由心靈之中的某處進入我們的意識中，是哪種臨時性的神經模式，透過接收與傳輸的大腦，為了這些經驗而被創造出來？還有，在幻視結束的時候，這種臨時模式發生了什麼事？為什麼所有幻視者都堅持不可能喚回他們的變容經驗，不可能回想起任何事，就算只是微弱地類似這個經驗的原始形式與強度？有多少問題啊——還有，到目前為止，答案多麼少啊！

附錄二

跟過去相比，幻視者與神祕主義者在西方世界遠遠沒那麼常見了。如此情況有兩個主要理由——哲學理由與化學理由。在目前時興的宇宙圖像裡，沒有留給有效超驗經驗的位置。因此那些自認為擁有有效超驗經驗的人遭到懷疑，要不是被看成瘋子就是被當成騙子。身為一個神祕主義者或幻視者，不再是可信的。

不過不只是我們的心靈風土不歡迎幻視者與神祕主義者；我們的化學環境亦然——這個環境深切地不同於我們的祖先度過人生的環境。

大腦是受到化學控制的，經驗顯示藉由修改（生物學而言）身體的正常化學狀態，它可以變得受到（生物學而言）自由心靈的多餘面向滲透。

每年幾乎都有一半的時間，我們的祖先不吃水果、不吃綠色蔬菜，而且只吃很少的奶油或新鮮肉類，還有極少的雞蛋（因為對他們來說，冬季月份裡只能餵幾隻公牛、母牛、豬跟家禽，再餵養更多是不可能的）。在每個接下來的春天之初，他們大多數人都因為缺乏維生素C而罹患或輕或重的壞血病，還有膳食中缺乏維生素B群而導致的糙皮病。這些疾病難受的身體症狀，跟同樣難受的精神症狀是相關的[179]。神經系統比身體的其他組織更易受傷害；因此維生素不足通常會在它們（至少是非常明顯地）影響皮膚、骨頭、黏膜、肌肉與內臟以前，就影響了心理狀態。飲食不當的第一個結果，就是降低大腦作為生物生存工具的效率。營養不足的人通常會苦於焦慮症、憂鬱症、疑病症與焦慮感。他也容易看見幻象；因為在大腦化約活門的效率降低的時候，很多（生物上來

179 作者註十一：參見The Biology of Human Starvation，A. Keys (University of Minnesota Press 1950)；亦參見近期（1955）喬治・華生（George Watson）博士及其同僚在南加大針對維生素不足在心理疾病中扮演的角色所提出的研究報告。

說）無用的素材就從「外頭」，從自由心靈流進意識裡。

較早的幻視者體驗到的許多事物都很嚇人。用基督教神學的語言來說，魔鬼在他們的幻視與狂喜中揭露自己的次數，遠比神頻繁得多。在一個維生素不足、對撒旦的信念卻很普遍的年代，這並不讓人意外。跟就算只是輕微的糙皮病與壞血病伴隨而來的心靈痛苦，都被天譴的恐懼與邪惡力量無所不在的信念給加深了。這種痛苦傾向於用它自己的幽暗顏色沾染幻視材料，透過效能受到營養不良損害的大腦瓣膜，獲准進入意識。但儘管他們滿腦子想著永恆的懲罰，儘管他們有營養不足症，追求性靈的禁慾苦修者通常會看見天堂，甚至偶爾可能覺察到神聖無私的唯一者，在其中冰火不容的兩極得到調和。為了一瞥至高幸福，為了預先嚐到天人合一的知識，沒有任何代價看似過高。身體的苦行可能產生一大堆不受歡迎的心靈症狀；但這也可能打開一道門，通往存在、知識與福佑的超驗世界。這就是為什麼，儘管有明顯的不利之處，幾乎所有立志追求性靈生活的人，在過去都承受著定期的身體苦行程序。

就維生素這方面來說，每個中世紀冬天都是長期非自願的齋戒，而在這種非自願齋戒之後的四旬齋期間，接踵而至的是四十天自願的齋戒。聖週[180]時，信徒在他們的身體化學方面，會神奇地做好萬全準備，迎接這一週的對哀慟與喜悅的巨大刺激，迎接季節性的良心悔恨，還有自我提升地認同於升天的基督。在這個最高宗教狂熱與最低維生素攝取量的季節，狂喜與幻視幾乎是常見的老套了。這只是意料中事。

對於隱居的冥思者而言，每年都有好幾次四旬齋。甚至在不同齋戒期之間，他們的膳食都貧乏到極點。因此有那麼多性靈作家描述了那些憂鬱與顧慮帶來的苦楚；因此他們受到絕望與自殺的可怕誘惑。但也因此有那些「無由的恩寵」，以來自天堂的幻視與話語、預言性的洞見、心電感應式「靈魂洞察」的形式出現。最後，也因此有他們對一切事物中的「唯一者」的「傾注默觀」，他們的「隱晦知識」。

齋戒不是早期性靈追求者唯一訴諸的肉體苦行形式。他們大多數人定期

180 Holy Week又稱受難週（Passion Week），是復活節來臨前一週。

用打結皮鞭、甚至是鐵絲鞭打自己。這些鞭打等同於不上麻醉就做相當大範圍的外科手術，對懺悔者身體化學反應的影響相當可觀。在鞭子真的抽個不停的同時，大量組織胺與腎上腺素被釋出；而當因此造成的傷口開始化膿（在肥皂年代以前，傷口實際上總是會這樣）的時候，蛋白質分解製造出的各種毒性物質，就找到途徑進入血流中。不過組織胺造成休克，而休克對心靈的影響之深，不亞於對身體的影響。此外，大量腎上腺素可能導致幻覺，而腎上腺素降解的某些產物，已知會引起類似思覺失調症的症狀。至於來自傷口的毒素——這些毒素擾亂調節大腦的酶系統，並且降低大腦作為工具，在生物最適者生存的世界裡順利度日的效率。這可能解釋了為什麼阿斯教區神父[181]以前會說，在他能夠毫不留情任意鞭打自己的時候，神什麼都不會拒絕他。換句話說，當悔恨、自我厭惡與對地獄的恐懼釋出腎上腺素，當自己施加的外科手術釋出腎上

181 阿斯教區神父（Curé d'Ars）指的是尚—馬里．韋雅內（Jean-Marie Vianney，1786-1859，在英語系國家被稱為John Mary Vianney），這位天主教神父重振阿斯教區的宗教風氣，後來變得國際知名，許多人跨國來尋求他的指引；死後被封為聖人。

腺素與組織胺，還有感染傷口把分解的蛋白質送進血液裡的時候，大腦化約活門的效率就降低了，自由心靈的不熟悉面向（包括超心理學現象、幻視；如果當事人在哲學與倫理學上有所準備，還包括神祕經驗）會流入這位禁慾主義者的意識中。

如同我們已經看到的，四旬齋在長時間的非自願齋戒後來臨。以類似方式，在較早的年代，自我鞭笞的效果透過非自願吸收的許多分解蛋白質補足了。牙科醫學不存在，外科醫師就是處刑者，而且沒有安全的消毒藥劑。因此，大多數人必須在局部感染的情況下過完他們的一生；而局部感染，雖然已不是肉身繼承的所有病厄的盛行起因，肯定能夠降低大腦化約活門的效率。

而這一切的道德教訓——是什麼呢？秉持「沒什麼，就只是這樣」哲學的闡述者會回答，既然身體化學上的改變，可以創造出對幻視與神祕經驗有利的條件，幻視與神祕經驗就不可能是它們聲稱是的那種東西——但對擁有這些經驗的人來說，不證自明，它們就是那種東西。不過這當然是不當推論。

那些個人哲學過度「性靈取向」的人會達到類似的結論。他們會堅持，神是一種靈魂，而且要從靈魂上去崇拜。因此化學上被制約的經驗，不可能是神聖的經驗。不過，不論從哪方面來看，我們的所有經驗都受到化學制約，而要是我們想像其中一些是純粹「性靈的」、純粹「知性的」、純粹「美學的」，這只是因為我們從沒有在它們發生的那一刻，費事去調查內在的化學環境。此外，這事關歷史紀錄：大多數沉思者有系統地下功夫去調整他們的身體化學，著眼於創造出對性靈洞見有利的內部條件。在他們沒有把自己餓到低血糖與維生素缺乏狀態，或者把自己打到由組織胺、腎上腺素與分解蛋白質造成的迷醉狀態時，他們培養失眠，並且用不舒服的姿勢長時間祈禱，以便創造壓力下的心理生理症狀。在間歇時，他們不間斷地唱著聖歌，因此增加了肺部與血流中的二氧化碳含量；如果他們是東方人，就調息以達成相同目的。今日我們知道如何透過直接的化學行動來降低大腦化約活門的效能，而且沒有對心理生理有機組織造成嚴重傷害的風險。對於一位志向遠大的神祕主義者來說，以現有的知識水準，要延長齋戒並且激烈自我鞭笞，會跟立志成為廚師的人效法查爾斯·蘭姆[182]筆下的中國人一樣蠢：那名中國人為了烤一頭豬燒掉了房子。有志的神祕主義者既然知道（或者說，如果他想知道，至少可以知道）超驗經驗的化學條件為何，應該轉向專家——藥學界、生化學界、生理學與神經學界、心理學與精神病學及超心理學界——尋求技術上的協助。而當然了，就專家們這方來說（如果他們之中有任何人立志要成為真正的科學人與完全的人類），應該從他們各自的鴿子籠裡出來，轉向藝術家、預言家、幻視者、神祕主義者——一言以蔽之，所有對他界有經驗，而且以各自不同的方式，知道要怎麼應對那種經驗的人。

182 查爾斯·蘭姆（Charles Lamb，1775-1834）英國知名散文家。烤豬故事出自他的文章〈烤豬論文〉（"A Dissertation Upon Roasted Pig"）。

附錄三

幻視似的效果與誘發幻視的裝置，在大眾娛樂中扮演的角色遠大於在精緻藝術扮演的角色。煙火、盛會、劇場奇觀——這些本質上是幻視藝術。不幸的是，它們也是瞬息即逝的藝術，較早期的大師傑作，我們只能透過紀錄得知。所有羅馬的凱旋式，中世紀的比武大會，詹姆斯一世時代的化裝舞會，一長串的接駕儀式與加冕典禮、皇家婚禮與肅穆的砍頭儀式、封聖儀式與教皇葬禮，都沒有留下任何東西。對於這樣的莊嚴輝煌，最多能夠指望的是它們可以「在塞托的作品裡再多活一天」[183]。

這些受歡迎的幻視藝術有一項有趣的特徵，就是它們緊密仰賴當代科技。舉例來說，煙火一度不過就是篝火。（而我可以補充，直到今天，暗夜裡燒得好的篝火仍是最神奇又最有傳送效果的奇觀之一。注視著它，一個人可以理解到那位墨西哥鄉村農夫的心態：他一開始打算燒掉一英畝的林地，以便種他的玉米，但是在一個快樂的意外中，一兩平方英里的土地在啟示錄式的明亮烈焰中燒了起來，他卻很高興。）真正的煙火技術始於在圍城與海戰中使用爆裂物（如果在中國不是，至少在歐洲如此）。隨著自然發展，它從戰爭變成了娛樂。帝國時代的羅馬有它自己的煙火秀，甚至在帝國走下坡的時候，其中一些

183 這句話引自詩人亞歷山大．波普（Alexander Pope，1688-1744）的諷刺敘事長詩《呆廝國誌》（*The Dunciad*）；句子裡提到的塞托（Elkanah Settle，1648-1724）是一位詩人兼劇作家，晚節不保，淪落到用相同的詩句到處寄給有錢人想索取報酬，他在《呆廝國誌》被寫成愚人之王，因為他去世了，愚昧女神不得不尋找他的繼承者。

還是繁複到極致。這裡是克勞狄安[184]描述中，馬利烏斯．狄奧多魯斯[185]在西元三九九年施放的煙火秀。

「讓砝碼被移除吧，」普拉特諾爾[186]先生以直截了當的語言做了翻譯，不怎麼能夠還原原詩句法上的華麗鋪張：「並且讓移動的吊車下降，朝著合唱隊方向滑動，把拋擲著火焰的人放低到高聳的舞台上。讓火神瓦肯鑄造火球，無害地滾動著越過舞台地板。讓火焰出現，在舞台布景的假樑柱上舞動，然後是一場絕對不許停歇的馴服大火，在分毫未傷的塔樓之間漫遊。」

在帝國殞落之後，煙火術再度變成徹底的軍事藝術。它最偉大的勝利是加利尼科斯[187]大約在西元六五〇年做出的發明，著名的希臘火——這項祕密武器，

---

184 克勞狄安（英語世界稱為Claudian，羅馬原名為Claudius Claudianus，約西元370-404），是第一任西羅馬帝國皇帝霍諾流（Honorius，384-423）宮廷中的詩人。

185 馬利烏斯．狄奧多魯斯（Flavius Mallius Theodorus，活躍於大約西元376-409）是一位羅馬政治家，克勞狄安寫過紀念他生平的頌歌。

186 普拉特諾爾（Maurice Platnauer，1887-1974）是英國古典學家，曾經擔任牛津青銅鼻學院院長。

187 加利尼科斯（Callinicus）是一位拜占庭帝國的建築師兼化學家，生卒年不詳，傳說武器「希臘

讓逐漸萎縮的拜占庭帝國能夠頑抗它的敵人那麼久。

在文藝復興時期，煙火再度進入大眾娛樂的世界。隨著化學的每個進步，它們變得越來越燦爛奪目。等到十九世紀中葉，煙火術達到技術完美的一個巔峰，能夠把為數眾多的觀賞者傳送到心靈的幻視對蹠點，這心靈在有意識的狀態下是體面的循道宗信徒、浦西派[188]、效益主義者、馬克思或者彌爾的信徒，紐曼[189]的信徒，或者布拉德洛[190]信徒，或者山繆爾・史邁爾斯[191]信徒。在羅

火」的發明者。希臘火（Greek Fire）主要可能是石油混合瀝青等其他物質，據說可漂浮在水上，一旦起火即無法撲滅，確切配方隨著拜占庭帝國滅亡而消失，至今仍未能被精準複製出來。

188 指的是追隨英國國教牧師愛德華・浦西（Edward Bouverie Pusey，1800-1882）的英國國教改革派。

189 約翰・亨利・紐曼（John Henry Newman，1801-1890），牛津運動的領袖之一，企圖改革被新教同化的英國國教，後來皈依天主教，2019年被天主教會冊封為聖人。

190 查爾斯・布拉德洛（Charles Bradlaugh，1833-1891）英國政治家與無神論者。

191 山繆爾・史邁爾斯（Samuel Smiles，1812-1904），英國作家兼政治改革家，作品《自助》（*Self-Help*）對維多利亞時期自由主義政治思潮影響很大；他認為人的貧窮主要是因為養成不負責任的壞習慣，但同時也抨擊拜金主義與放任式政府。

馬的人民廣場（Piazza del Popolo），在拉納拉（Ranelagh）與水晶宮（Crystal Palace），在每個七月的四日與十四日，大眾潛意識都在鍶緋紅色、銅藍色、鋇綠色與鈉黃色的提醒下想起他界，就在下方，在等同於心靈澳大利亞的地方。

盛裝遊行是一種幻視藝術，從亙古以來就一直被用來當成一種政治工具。國王、教皇及他們各自在軍事上與教會中的僕從，穿著燦爛華麗的服裝，有一種非常實際的目的——要讓階級低的人印象深刻，生動地意識到他們的主子超越凡人的偉大性質。以精緻衣服與嚴肅儀式為手段，事實上（de facto）的宰制被轉化成一種規則，不只是法律上的（de jure），而且無疑是來自神的法則（de jure divino）。王冠與教皇三重冕，各色珠寶，綢緞、絲與天鵝絨，俗麗的制服與祭袍，十字架與勳章，劍柄與牧杖，三角帽上的羽飾以及神職人員這方的對等物，讓每個教皇主持的宗教儀式看起來都像歌劇《阿依達》（*Aida*）場景裡的那些大羽毛扇——所有這些誘發幻視的性質，被設計出來讓所有太有人性的紳士淑女，看起來都像是英雄、半女神與六翼天使，並且在過程中給予所有相關人等大量天真無害的娛樂，演員與觀眾都一視同仁。

在過去兩百年的過程中，人工照明科技已經有了驚人的進展，而這個進展對於盛裝遊行的有效性、以及與之密切相關的舞台奇觀藝術，已經有非常大的貢獻。第一個值得注意的進步是在十八世紀做出的，引進鑄模鯨油蠟燭取代較老舊的獸脂布與倒上蠟做成的細燭芯。接著來的是阿爾岡[192]發明的管狀油芯，在火焰的外層表面跟內層都提供空氣。玻璃燈罩很快隨之而來，有史以來第一次，靠著燃燒油提供明亮而完全無煙的光線變得有可能了。煤氣在十九世紀初年第一次被用來當成光源，而在一八二五年，湯瑪斯．德拉蒙[193]找到一種實用辦法，利用氫氧混合氣或煤氣火焰把石灰加熱到白熱化。在此同時，開始有人使

192 阿爾岡（François-Pierre-Amédée Argand，1750-1803）是日內瓦物理學家兼化學家，發明了改良舊式油燈的阿爾岡燈（Argand lamp）。

193 湯瑪斯．德拉蒙（Thomas Drummond，1797-1840）是蘇格蘭裔英國軍官、土木工程師。實際上他並未發明後面提到的石灰光燈（limelight，另一種常見譯名是聚光燈，在此為了強調其發光原理，譯為石灰光燈），但他促成這種燈具在測量工作中的大量應用。石灰光燈後來還被應用到舞台照明，雖然後來已經被其他更進步的燈具取代，在譬喻性語言裡還是存在，像是形容某人受到公眾矚目，會說她「處於聚光燈下」（in the limelight）。

用拋物面反射鏡，把光線集中成一條狹窄光柱。（第一個配備這種反射鏡的英國燈塔，在一七九〇年建立。）

這些發明對於盛裝遊行與戲劇奇觀的影響是很深刻的。在較早的時代，公民或者宗教儀式只能在白天舉行（而多雲與晴朗的白晝往往一樣多），或者在日落之後，靠著多煙的燈與火炬，或者蠟燭的閃爍微光來提供光線。阿爾岡與德拉蒙，煤氣、石灰光燈與四十年後的電力，讓人有可能從夜晚的無窮混亂中，召喚出豐富的島嶼宇宙，在其中金屬與珠寶的閃爍光彩、天鵝絨與錦緞的奢華光輝，都被加劇到可被稱為本質重要性的最高程度。有個最近的古代盛裝遊行實例，藉由二十世紀的燈光把魔幻力量提升得更高，就是女王伊莉莎白二世的加冕典禮。在這個事件的影片中，一個有傳送效果的輝煌儀式，從遺忘中被拯救出來——直到當時為止，這種莊嚴儀式一直注定被遺忘——並且為了廣大的當代與未來觀眾之樂而保存了它，在泛光燈下燃燒著超自然的光輝。

兩種獨特而分離的藝術在劇場裡被應用——戲劇的人類藝術，還有幻視性、屬於他界的奇觀藝術。兩種藝術的元素可以被結合在一個晚上的娛樂之中——戲劇被打斷（就像莎士比亞戲劇的精心製作中經常發生的）以便讓觀眾享受一幅活人畫，在其中演員要不是保持不動，就是（如果他們移動的話）只以一種非戲劇的、儀式性的、列隊遊行式的方式移動，或者在正式的舞蹈中移動。我們在此關注的不是戲劇；而是劇場的奇觀，這就只是少了政治或宗教弦外之音的盛裝遊行。

在戲服製造者與舞台珠寶設計家較次要的幻視藝術中，我們的祖先是完美的大師。儘管他們完全仰賴著沒有外來助力的肌肉力量，在舞台機械的建立與運作、「特殊效果」的別出心裁等面向上，他們並沒有落後我們太多。在伊莉莎白時代或斯圖亞特王朝早期，天降神靈與惡魔從地窖冒出來干擾是司空見慣的；啟示錄災難場面亦然，最令人驚訝的變形也是。這些奇觀奢侈地花費了鉅額金錢。舉例來說，律師學院[194]為查理一世上演了一齣戲，花掉了超過兩萬英

194 律師學院（The Inns of Court）是中世紀開始成立的英國大律師訓練機構，負責授與大律師的執業資格，總共有四間，都位於倫敦：林肯律師學院（Lincoln's Inn，1422年成立）、中殿律師學院（Middle Temple，1501年成立）、內殿律師學院（Inner Temple，1505年成立）、格雷律師學

鎊——當時一英鎊的購買力是今日的六或七倍。

「木匠工藝，」班．強生[195]曾經諷刺地說道：「是假面劇[196]的靈魂。」他的輕蔑之詞動機在於怨恨。伊尼哥．瓊斯[197]設計場景得到的報酬，跟班．強森寫歌詞拿到的錢是一樣的。這位被激怒的桂冠詩人顯然沒把握到這個事實：假面劇是一種幻視藝術，而幻視經驗是超越文字的（無論如何，幾乎超越大多數莎士比亞式的文字），而且是對於事物直接而未經中介的感知所喚起的，這讓觀者想起個人意識中未經探索的對蹠點中發生的事情。無可避免地，就事物的本質來說，假面劇的靈魂永遠不可能是強生式的歌詞；它必須是木匠工藝。不過就連木匠工藝都不可能是假面劇的全副靈魂。幻視經驗從內心降臨到我們身

院（Gray's Inn，1569年成立）。

195 班．強生（Ben Jonson，1572-1637）英國文藝復興時期劇作家與詩人。

196 假面劇（masque）是在十六至十七世紀早期流行的宮廷娛樂，融合音樂、舞蹈、歌唱與戲劇，還有繁複的舞台設計。

197 伊尼哥．瓊斯（Inigo Jones，1573-1652）英國重要建築師，第一個把羅馬古典建築與意大利文藝復興風格引進英國。也做了許多舞台設計，經常與班．強生合作。

上時，總是超自然地輝煌璀璨。不過早期的布景設計師除了蠟燭以外，沒有更明亮的可控光源。在近距離，一根蠟燭能夠創造出最魔幻的燈光與對比性的陰影。林布蘭與喬治·德·拉圖爾的幻視繪畫就是燭光下看到的人事物。不幸的是，光遵從平方反比定律。對於穿著易燃華服的演員來說安全的距離之外，蠟燭讓人絕望地不適用。舉例來說，在十呎之內，要用上一百個最好的細蠟燭，才能製造出一呎燭光[198]的有效照明。以這樣淒慘的照明，假面劇的幻視潛力只能實現一小部分。說實話，它的幻視潛力是在原始形式不復存在之後許久，才得到完整實現。直到十九世紀，在先進的科技讓劇場有了石灰光燈與拋物面反射鏡之後，假面劇才能徹底發揮本事。維多利亞統治時期是所謂的聖誕節默劇與幻想奇觀的英雄時代。「阿里巴巴」、「孔雀之王」、「黃金樹枝」、「珠寶之島」——光是它們的名字就充滿了魔力。劇場魔術的靈魂是木匠工藝以及戲服製作；它的內住靈魂，它靈魂的火星是煤氣與石灰光燈，從一八八〇

198 呎燭光（foot-candle）是照明單位，指的是每平方呎一流明。

年代以降則是電力。舞台史上第一次，最明亮的白熱光束對畫出來的布景、戲服、用玻璃與黃銅做的珠寶都有變容效果，所以它們變得有能力把觀眾傳送到潛伏在每個心靈深處的他界，無論那顆心靈對於社會生活的迫切需要適應得多完美——甚至是維多利亞中期英格蘭的社會生活。今日我們處於一個幸運的位置，為了一個都會每天晚上的照明，可以浪費五十萬馬力。然而，儘管人工燈光這樣貶值了，劇場奇觀仍然保有它充滿說服力的古老魔法。假面劇的靈魂昂首闊步向前，體現在芭蕾、滑稽諷刺劇與音樂喜劇上。一千瓦的燈與拋物面反射鏡投射出一束束超自然燈光，而超自然燈光從它觸及的一切事物上，召喚出超自然的顏色與超自然的意義。就連最傻氣的奇觀都可以相當神奇。這是新世界被召喚來矯正舊世界平衡的一個例子——幻視藝術補足了太有人味的戲劇中的不足。

阿塔納西歐斯·基爾徹[199]的發明——如果確實是他的發明——命名來自第一

199 阿塔納西歐斯·基爾徹（Athanasius Kircher，1602-1680）德國耶穌會學者兼通才，在比較宗教、個魔術燈籠（Lanterna Magica）。處處都採用這個名字，認為它完美適用於這種機器：原始素材是光，成品是從黑暗中浮現的彩色影像。為了讓原始的幻燈機秀顯得更神奇，基爾徹的後繼者設計了好幾種方法，把生命與動作分享給投射出來的影像。有「旋轉彩色」（chrometropic）幻燈片，兩片彩繪玻璃碟片可以朝著相反方向旋轉，粗糙但仍舊有效地模仿持續改變的三維圖樣，實質上每個有過幻視的人都看過這樣的圖樣，不論那幻視是自發、藥物誘發、齋戒還是頻閃燈導致的結果。然後還有那些「溶接畫面」，讓觀眾想起在他的日常意識對蹠點中不間斷持續的變形。為了讓一個場景微不可察地轉變成另一個，要用上兩台幻燈機，同時投射影像到銀幕上。每台幻燈機都裝了一個活動遮板，這樣安排可以讓其中一台的燈光逐漸變暗，另一台的燈光（原本完全是暗的）則逐漸變亮。以這種方式，第一台機器投射的畫面不知不覺中被第二台的畫面取

地質學與醫學方面都有著作。他可能沒有發明魔術燈籠或幻燈機，但他在著作《光與影的偉大藝術》（*Ars Magna Lucis et Umbrae*，1646）第二版（1671）裡談過這種裝置的原理。

代——讓所有觀眾都開心又吃驚。另一種設備是移動式幻燈機，投射它的影像到半透明銀幕上，較遠的另一邊坐著觀眾。當這台幻燈機被推到靠近銀幕時，投射出來的影像很小。在它被拉遠的時候，影像就開始逐漸變大。有一種自動對焦設備，讓變動的影像在所有距離都銳利不模糊。一八〇二年，這種新型態西洋鏡[200]的發明者，造出「魔術幻燈」（phantasmagoria）這個詞彙。

幻燈機科技的所有這些改善，都跟浪漫復興時期（Romantic Revival）的詩人與畫家同時，而且對於他們的主題選擇與處理方法，產生了某種程度的影響。舉例來說，《瑪布仙后》與《伊斯蘭反叛》[201]中都充滿了溶接畫面與魔術幻燈。濟慈[202]對場景與人物、室內裝潢與傢俱及燈光效果的描述，都有彩色影像呈

200 西洋鏡（peep show）又稱拉洋片，通常是透過安裝了鏡頭的小木箱讓人看圖片捲動。

201 英國浪漫主義詩人雪萊（Percy Bysshe Shelley，1792-1822）在一八一三年發表長詩《瑪布仙后》（*Queen Mab*），一八一七年又發表《伊斯蘭反叛》（*The Revolt of Islam*）。

202 濟慈（John Keats，1795-1821）是英國浪漫主義詩人。

現在黑暗房間的白銀幕上那種強烈的發光性質。約翰．馬丁[203]對於撒旦與伯沙撒、地獄與巴比倫還有大洪水的表徵方式，靈感顯然來自幻燈片與石灰光燈戲劇化打光照亮的活人畫。

幻燈秀的二十世紀等同物就是彩色電影。在這巨大昂貴的「豪華巨片」中，假面劇的靈魂昂首闊步向前進——有時候帶有一種報復心態，但有時候也帶來品味，還為誘發幻視的幻想帶來真實感。此外，多謝進步的科技，彩色紀錄片已經證明自己在技巧純熟的手中，是一種值得注意的流行幻視藝術新形式。在迪士尼的《生意盎然的沙漠》（*The Living Desert*）結尾處，觀眾發現自己沉入放大到巨大無比的仙人掌花朵中，那是直接來自他界之物。然後在最佳的自然影片中，風中的葉子，岩石與沙的質地，草地上或蘆葦間的陰影與翠綠色的光，在矮灌木叢或森林樹木枝幹間的鳥類、昆蟲與四足動物做自己的事情

203 約翰．馬丁（John Martin，1789-1854）是英國畫家、雕刻家與插畫家，擅長氣勢磅礡的宗教與幻想題材，內文中的題材他都畫過。

時的畫面，是多麼有傳送效果的幻視啊！這裡有神奇的特寫風景，迷住了千花掛毯[204]的製作者、中世紀的花園與狩獵場景畫家。這裡有活生生的自然界放大並分離出來的細節，遠東的藝術家從這樣的自然中，製作出某些他們最美麗的畫作。

然後，還有或可稱為「扭曲紀錄片」的東西——一種奇異的幻視藝術新形式，由法蘭西斯．湯普森的影片《紐約，紐約》[205]令人讚嘆地體現了出來。在這部奇妙又美麗的影片裡，我們看到紐約市透過多重稜鏡被拍攝，或者在湯匙背面、擦亮的車輪圈蓋、球面或拋物面鏡子上反射出的實際模樣。我們仍舊認得出房子、人、店面、計程車，卻是把它們看成某個鮮活幾何圖案中的元素，這種幾何圖案是很有幻視經驗特色的。這種新的電影攝影藝術似乎預言了（感

204 一般寫法是millefleur（字面意義即一千朵花），指的是這種掛毯用許多花卉植物細密地填滿背景。

205 《紐約，紐約》（*NY, NY*，1957）是前衛導演法蘭西斯．湯普森（Francis Thompson，1908-2003）一部十五分鐘短片，用各種特殊鏡頭、稜鏡與鏡子拍攝紐約市。

《紐約，紐約》

謝老天！）非表徵式繪畫的取代與早期式微。非表徵主義者以前會說，彩色攝影讓老派肖像畫與老派風景畫降格到多餘荒謬玩意的等級。當然，這是完全不真確的。彩色攝影只是以一種可以輕易重製的形式，記錄與保存肖像畫家與風景畫家工作用的原始素材。以湯普森先生的方式來使用，彩色電影攝影做到的事情遠超過光是記錄與保存非表徵式藝術的原始素材；它實際上產出了完整的成品。在《紐約，紐約》中我很驚訝地看到，由非表徵式藝術的古典大師所發明，然後在過去四十年或更長時間裡，由該學派學究與墨守成規者重複到ad nauseam（令人作嘔）的每種繪畫手法，都在湯普森先生的影片連續鏡頭裡現身，生氣蓬勃、閃閃發亮，有強烈的重要意義。

我們把強力光束投射出去的能力，不只讓我們可以創造出新形式的幻視藝術；它也為最古老的藝術之一，雕刻藝術，賦予了一種先前並不具備的新幻視性質。我在先前的段落裡，講過泛光燈照明為古老遺跡與自然物件製造出的魔幻效果。當我們把聚光燈轉向雕刻過的石頭時，可以看到類似的效果。菲斯利[206]某些最好也最狂野的繪畫想法，靈感是來自他在蒙特卡瓦羅[207]研究在日落光線下的雕像，或者在更好的狀況下，是在午夜被閃電照亮的雕像。今日我們支配了人工日落與合成閃電。我們可以從我們選擇的任何角度，而且實際上是以我們想要的任何強度來照亮雕像。所以，雕刻已經揭露出新鮮的意義與意料之外的美。找個晚上造訪羅浮宮，趁著希臘與埃及古物被泛光燈照亮的時候。你會遇見新的眾神、寧芙與法老；隨著一盞聚光燈熄滅，另一盞在不同空間區塊裡亮起，你會認識到一整群不熟悉的《薩默色雷斯的勝利女神》[208]。

206 亨利・菲斯利（Henry Fuseli，1741-1825）是瑞士出生的畫家兼製圖員，但大半輩子在英國度過，許多畫作描繪超自然體驗。

207 這裡的蒙特卡瓦羅（Monte Cavallo，字面意義是「馬山」），是羅馬的奎里納萊山（Quirinal Hill）在中世紀時的名稱，因為這裡有一對知名的大理石雕像《馴馬者》（*Horse Tamers*），描繪希臘神話裡斯巴達王后麗達生下的同母異父雙胞胎兄弟，卡斯托與波路克斯。菲斯利偏愛在傍晚天色昏暗或打雷時的閃電光線下研究這對雕像。

208 《薩默色雷斯的勝利女神》（*Winged Victory of Samothrace*）是羅浮宮收藏的知名古希臘雕塑，創作時間可能在西元前二世紀或更早。

《馴馬者》

《薩默色雷斯的勝利女神》

過往並不是某種固定而無可改變的東西。它的事實是被每個後繼世代重新發現的，它的價值被重估，它的意義在時下品味與關注之事的脈絡下重新被定義。從同樣的紀錄、紀念碑與藝術作品之中，每個時代都會發明它自己的中世紀，它私密的中國，它有版權專利的古希臘。今日，多虧最近照明科技的進步，我們可以比先行者再多走一步。我們不只是重新詮釋過往遺贈給我們的偉大雕塑作品；我們實際上成功地改變這些作品的物質外表。希臘雕像，當我們看著它們被陸上或海上從未有過的一道光照亮，然後從最古怪的角度，用一連串片段的特寫被拍下來的時候，跟藝評家與一般大眾在昏暗畫廊與過往的裝飾性雕刻中看到的希臘雕像，幾乎毫不相似。一位古典藝術家，在他可能剛好活著的任何時代，他的目標就是為經驗的混亂賦予秩序，呈現一個可理解、理性的現實圖像，在其中所有部分都清楚地被看到，而且融貫地被關聯起來，所以觀看者確切知道（或者更精確地說，想像他知道）什麼是什麼。對我們來說，這個理性秩序的理想沒有吸引力。因此，在我們正面遭逢古典藝術作品的時候，我們用力所能及的一切手段，讓它們看起來像某種它們不是、也永遠不該是的東西。從一件作品中——它的全副重點，就是概念架構上的統一——我們選擇單一的特徵，把我們的探照燈集中在其上，以便在脫離所有脈絡的情況下，把它強加到觀察者的意識之上。在我們覺得一條輪廓線太持續、太明顯地可理解的地方，就用無可穿透的陰影跟刺眼明亮的塊狀交替來打破它。在我們為一個雕塑形體或群像拍照時，我們用照相機來孤立一部分，接著以脫離整體的謎樣獨立性，來展示那個部分。藉由這樣的手段，我們可以把最嚴格的古典作品去古典化。受制於光線安排，由專業攝影師拍照，一件菲迪雅斯[209]作品會變成一件哥德表現主義作品，一件普拉克西特列斯作品會轉變成讓人心醉神迷的超現實主義物件，從潛意識最軟爛泥濘的深處被撈出來。這可能是糟糕的藝術史，但肯定是巨大的樂趣。

209　菲迪雅斯（Pheidias，約西元前480-西元前430年）是古希臘雕刻家、畫家兼建築師，作品原件已不存在，但有許多羅馬時期複製品。

附錄四

宮廷畫家喬治・德・拉圖爾，首先為他家鄉洛林的公爵服務，後來則為法國國王工作，在他活著的時候被當成偉大的藝術家來對待，而他很顯然就是。隨著路易十四登基，以及一種凡爾賽新藝術（主題是貴族性質的，風格則是明確的古典派）的刻意栽培與崛起，這位一度名聞遐邇的男子，名聲因此黯然失色，遺忘程度徹底到只過了一兩個世代，他的大名就已無人再提起，而他保留下來的畫作被算成是勒南兄弟、洪特霍斯特[210]、祖巴蘭、牟利羅[211]甚至是委拉斯

210 傑拉德・馮・洪特霍斯特（Gerard van Honthorst，1592-1656）荷蘭黃金時代的畫家，受卡拉瓦喬影響，擅長繪製人工燈光照明下的場景。

211 巴托羅美・埃斯特班・牟利羅（Bartolomé Esteban Murillo，1618-1682）西班牙巴洛克畫家。

奎茲[212]的作品。重新發現拉圖爾始於一九一五年，在一九三四年實質上完成了，當時羅浮宮組織了一個著名的展覽，名為「描繪現實的畫家」。被忽視了將近三百年，最偉大的法國畫家之一重新討回他的權利。

喬治．德．拉圖爾是外向型的幻視家之一，這種人的藝術忠實地反應外在世界的某些面向，但反映出處於某種變容狀態的它們，好讓每個最卑賤的殊相變得有了內在的重要性，是絕對性的一種表現。他大多數的作品是單一蠟燭光線下看到的人物。如同卡拉瓦喬與西班牙的畫家們所展現的，單單一根蠟燭，可以激起最巨大的戲劇效果。不過拉圖爾對戲劇效果沒興趣。他的畫作中沒有任何戲劇性的東西，沒有任何悲劇性、引人憐憫或怪誕的東西，沒有行動的表徵，不訴諸於人去劇院先激起後平息的那種情緒。他的畫中人物本質上是靜態的。他們從來不做任何事；他們就只是在那裡，就像一座花崗岩法老像，或者一尊來自高棉的菩薩，或者皮耶羅[213]的其中一位扁平足天使就在那裡一樣。而在

212 迪亞哥．委拉斯奎茲（Diego Velázquez，1599-1660）影響極其深遠的西班牙黃金時代畫家。

213 皮耶羅．德拉．法蘭西斯卡（Piero della Francesca，1415-1492），文藝復興時代早期的畫家，也

每個例子裡，都只用了單單一根蠟燭，來強調這種強烈卻不讓人激動、非個人性質的「在那裡」性質。藉由使用不尋常的光線來展示尋常事物，它的火焰顯現出純粹存在活生生的神祕，與無可解釋的神奇。畫作中的強烈虔誠情操這麼稀少，以致在許多例子裡不可能決定我們眼前看到的是一幅聖經插畫，還是在燭光下描繪模特兒的習作。收藏在雷恩[214]的《耶穌降生》（*Nativity*）是那場降生，或者只是一場普通的降生？一個老人在一個年輕女孩目光下酣睡的畫，就只是那樣嗎？或者聖彼得在牢獄裡被來解救的天使造訪，就只是那樣嗎？我們無法分辨。不過拉圖爾的藝術雖然完全缺乏強烈的虔誠，它以史無前例的強度揭露神聖的無所不在，在這個意義上，它仍然有深刻的宗教性。

必須補充的是，身為一個人，這位有「神的內蘊性」的偉大畫家，似乎為人驕傲、嚴厲、傲慢到讓人難以忍受，還很貪婪。這又再度展現出藝術家的作

《耶穌降生》

是數學家與幾何學家，作品特色是其中的人文主義精神、對於幾何形狀與透視法的運用。

214 雷恩（Rennes）是法國西北部的城市，《耶穌降生》就收藏在當地的雷恩美術館裡。

品及其人格之間，從來就沒有等價的對應。

附錄五

在近點上，維亞爾大部分繪製的是室內畫，不過有時候也會畫花園。在幾幅作品裡，他設法藉由表徵房間裡的一角，來結合近處的魔術與遠處的魔術：在畫中站著或掛著一幅他自己或別人的樹木、山丘與天空遠景表徵。這是一種邀請，要人光靠目光一瞥就兩全其美，同時享受望遠與顯微的世界。

至於其他，我只能想到現代歐洲藝術家畫的極少數特寫風景畫。大都會美術館有一幅奇異的「灌木叢」，由梵谷所繪[215]。泰特美術館則有康斯特勃美妙的

215　美國紐約大都會美術館藏有梵谷繪製的《絲柏》（*Cypresses*）。

《海明罕公園的林蔭谷地》（*Dell in Helmingham Park*）。還有一幅糟糕的畫，米萊的《奧菲莉亞》（*Ophelia*），儘管有那一切問題，還是因為它幾乎是從水鼠觀點看到的夏季綠意繁複細節，而變得充滿魔力。而我記得有一幅德拉克羅瓦[216]，很久以前在某個借展中瞥見的，畫了最近距離的樹皮樹葉與花朵。當然，一定還有其他作品；不過我要不是忘了，就是從沒看過。無論如何，西方沒有任何東西比得上中國與日本在近點上對自然界的描繪。一把開花的梅樹枝，抽長著葉子的十八吋竹子，灌木叢中看來只有一臂之遙的山雀或草雀，各式各樣的花朵與葉子、鳥類魚類與小型哺乳動物。每個小生命都被表徵成它自身宇宙的中心，它自身評估的目的，為此，這個世界還有其中的一切都被創造出來；每個生命都發出自己特殊的、個別的、脫離人類帝國主義的獨立宣言；透過反諷的暗示，每個生命都在嘲弄我們的荒謬自負，要為宇宙性遊戲的行為，立下

216 歐仁・德拉克羅瓦（Eugène Delacroix，1798-1863）法國浪漫派畫家，最知名的作品是紀念1830年七月革命的《自由領導人民》（*Liberty Leading the People*）。

從右到左：
《海明罕公園的林蔭谷地》
《奧菲莉亞》
《自由領導人民》

僅屬於人類的規範；每個生命都靜默地重複神聖的同義反覆恆真句：我是我所是。

中距離的自然是熟悉的——熟悉到讓我們被騙得相信，我們其實知道這是在幹什麼。從近在手邊的距離看，或者在很遠的距離看，或者從古怪的角度看，自然界似乎都奇異到讓人不安，美妙到完全無可理解。中國與日本的特寫風景畫有許多這種主題的圖示：輪迴與涅槃是一體的，絕對性在每個表現中顯現。這些形上學（然而也非常實用主義）的偉大真理，是由受到禪宗啟發的遠東藝術家用另一種方式詮釋出來的。他們在近點細密觀察的所有對象，在處女絲或者紙張的一片空白襯托下，都被表徵成一種無關聯性的狀態。這樣孤立的狀態下，這些瞬息即逝的表象有了一種絕對的物自體性（Thing-in-Itselfhood）。西方藝術家在繪製一段距離外的神聖人物、肖像，偶爾還有自然物體時，都利用過這種手段。林布蘭的《磨坊》（*Mill*）跟梵谷的《絲柏》是遠距風景畫的範例，在其中單一特徵透過孤立而被絕對化。許多哥雅的蝕刻畫、素描與油畫的神奇魔力，可以由以下事實來解釋：他的作品所採取的形式，幾

《絲柏》

《磨坊》

乎總是幾個剪影、甚或是單一剪影，在一片空白的襯托下被看見。這些剪影形狀具備內在重要意義的那種幻視特質，在孤立與無關聯性的強化之下，這個特質達到了超自然的強度。在自然界，如同在一件藝術作品裡一樣，一項物品的孤立通常會讓它充滿絕對性，賦予它跟存在等同而超出象徵以外的意義。

> ——但那裡有棵樹——來自許多，唯一，
> 單單一個我曾經注視過的田野，
> 兩者都講到某種已然消失之物[217]。

華滋華斯再也看不到的那個東西，是「幻視的微光」。我記得，那微光以及那內在的重要意義，就是可以從瑞丁與牛津之間往返火車上看見的一棵孤立

217 出自華滋華斯的詩《幼童時期不朽提示的頌歌》（*Ode on the Intimations of Immortality in Early Childhood*）。

橡樹的性質；在一大片寬廣無邊的耕地上，那棵橡樹從一座圓頂小丘頂端長出來，剪影後面襯托著蒼白的北方天空。

孤立結合鄰近性的效果，以它們所有的魔幻奇特性，可以透過一幅十七世紀日本藝術家的超凡畫作來加以研究；這位藝術家也是一位知名劍客，還是一位禪宗修習者。畫中表徵了一隻伯勞鳥，棲息在一根光禿樹枝的最尖端，「毫無目的地等待著，卻處於一種高度緊張狀態」。底下、上方與周遭，都空無一物。這隻鳥從真空中浮現，從永恆的無名與無形狀態中浮現，這也是多重、具體又短暫的宇宙真正的本質。那隻在光禿樹枝上的伯勞鳥，是哈代那隻冬季歌鶇[218]的一等表親。不過與維多利亞時代的歌鶇堅持教導我們某種教訓相反，遠東的伯勞鳥滿足於只是存在，熱烈而絕對地在那裡。

---

218 英國小說家兼詩人湯瑪斯·哈代（Thomas Hardy，1840-1928）寫過一首詩〈暗處歌鶇〉（'The Darkling Thrush'），描述在晦暗的冬季，一隻年邁虛弱的歌鶇不知何故，全力唱出一首喜悅之歌。

附錄六

許多思覺失調症患者大多數時候不在人間，不在天國，也不在地獄，而是在一個灰濛濛、充滿陰影的幽靈與非現實世界裡。對於這些精神病患來說為真的事情，在較低的程度上，對於某些受到較輕微心理疾病形式影響的神經質患者來說也為真。最近已經發現，有可能透過施用少量腎上腺素的其中一種衍生物，引出這種鬼魅般的存在狀態。對於生者來說，天堂、地獄與靈薄獄不是被「一對厚重金屬鑰匙」[219]打開，而是隨著一組化學合成物出現在血液中、另一組

219 這句話出自彌爾頓的牧歌體輓歌〈利希達斯〉。

卻從血液中消失而開啟。某些思覺失調症患者與神經質患者居住的陰影世界，極近似某些較早宗教傳統裡描述的死者世界。就像陰間與荷馬筆下冥府中的鬼魂，這些心理失常的人已經跟物質、語言還有他們的同胞失聯。他們缺乏人生的著力點，注定要一事無成而孤寂，處於只有鬼魂的無意義尖叫與胡言亂語才能打破的一種沉默之中。

末世論觀念的歷史，點出一種貨真價實的進展——這種進展可以用神學詞彙描述成從冥府到天國的路程，用化學詞彙描述成用麥斯卡林與麥角酸來取代腎上腺素黃（adrenolutin），用心理學詞彙，則可描述成從緊張症與非現實，進展到一種在視覺上、最終是在神祕經驗上的強化現實。

附錄七

傑利科是個負面幻視家；因為雖然他的藝術幾乎著魔地忠於自然，它卻是忠於一個經過神奇變容的自然，在他的知覺與詮釋之中，這種變容是往壞處發展的。「我開始要畫一個女人，」他有一次說：「但最後總是成了一隻獅子。」其實更常見的狀況是，它到頭來是某種比獅子更不親切許多的東西——舉例來說，成了一具屍體，或者一個惡魔。他的傑作，驚人的《美杜莎之筏》（*Raft of the Medusa*），不是從生命的方向來畫，而是從解體與腐朽的方向來畫——從醫學生提供的屍骸碎片，從一位罹患肝病友人消瘦憔悴的軀體與受黃疸影響的臉來畫。就連船筏漂浮的波浪，甚至是籠罩一切的天空都是屍體的顏

《美杜莎之筏》

色。這就好像整個宇宙都變成了一間解剖室。

然後還有他惡魔似的畫作。《騎馬大賽》[220]，很明顯是在地獄裡跑的，後面的背景簡直是迸發著可見的黑暗。收藏在英國國家美術館的《受閃電驚嚇的馬匹》（*The Horse Startled by Lightning*）則是在凍結的單一瞬間，揭露出藏在熟悉事物中的奇異、陰險，甚至是地獄般的他性。在大都會美術館有一張兒童肖像。而那是什麼樣的一個孩子啊！穿著他色彩明亮聳動的外套，這個小可愛就是波特萊爾喜歡說的「含苞待放的撒旦」。而同樣也在大都會美術館的一張裸男習作，不啻為含苞待放的撒旦長大成人。

從他的朋友留下的關於他的描述中，很顯然傑利科習慣性地把他周遭的世界看成連續的幻視性啟示錄。他早期作品《騎兵軍官》（*Officier de Chasseurs*）裡躍起的馬匹，是某天早上在通往聖克盧（Saint-Cloud）的路上看到的，在灰塵滿天又刺眼的夏季陽光下，那匹馬人立起來，衝到一輛公共馬車的車軸之

220 這幅畫的全名是《一八二一年的艾普森騎馬大賽》（*The 1821 Derby at Epsom*，1821）。

從右到左：
《一八二一年的艾普森騎馬大賽》
《受閃電驚嚇的馬匹》
《騎兵軍官》

間。《美杜莎之筏》裡的人物一個接著一個，以精緻完美的線條畫在全新畫布上。沒有整體構圖的輪廓素描，沒有逐漸累積起來的整體色調與色澤和諧。每個特殊的揭露——一具腐朽的身體，一個肝炎已病入膏肓的患病男子——都如實被徹底描繪出來，並且得到藝術性的實現。透過天才的一個奇蹟，每個彼此相續的天啓，都預兆性地被整合成一個和諧的作品；在第一個駭人的幻象被傳送到畫布上的時候，這個作品還只存在於藝術家的想像中。

附錄八

在《衣裳哲學》裡，卡萊爾[221]留下了他的心理生理學傳記作者，詹姆斯．哈利戴（James Halliday）醫師（在《卡萊爾先生，我的病人》〔*Mr Carlyle, My Patient*〕一書中）所說的「對於一種心靈精神病狀態的驚人描述，大半是憂鬱性質的，但有部分是思覺失調式的。」

「我周遭的男男女女，」卡萊爾寫道：「甚至跟我說話的人，都只是塑像；我實際上忘了他們是活著的，他們不只是自動機器。友誼不過是個不可信

221 湯瑪士．卡萊爾（Thomas Carlyle，1795-1881）蘇格蘭作家兼歷史學家，在維多利亞時代影響極大；《衣裳哲學》（*Sartor Resartus*，1831）是他的第一部重要作品，是一本小說。

的傳統。在他們擁擠的街道與集會中，我單獨行走；而且也野蠻得像是叢林中的老虎（只是我一直大口吞噬的是我自己的心，不是別人的）……對我來說宇宙全都缺乏生命，缺乏目的，缺乏意願，甚至缺乏敵意；它是一個巨大、死氣沉沉又無邊無際的蒸汽引擎，在它的死亡冷漠中持續滾動前進，輾壓我的肢體，一根又一根……沒有希望的我也沒有任何確定的恐懼，無論是對象是人還是惡魔。然而，夠奇怪的是，我生活在一種持續、不確定又讓人憔悴的恐懼中，震顫、膽怯、憂懼著我的不知道是什麼東西；這似乎就像是天上地下的所有事物，都會傷害我；就好像天堂與人間只是一隻狼吞虎嚥的怪獸沒有邊際的兩顎，我在那裡心悸不已，等著被吞噬。」蕊妮與英雄的崇拜者[222]，顯然在描述相同的經驗。兩者都畏懼著無限，不過形式上是「體系」，是「無邊無際的蒸汽引擎」。再一次，對兩者而言，一切都有意義，卻是負面的意義，所以每

222 這裡指的是卡萊爾，他的名作之一是《英雄與英雄崇拜》（*On Heroes, Hero-Worship, & the Heroic in History*，1840）。

個事件都是全然不著邊際的，每個物體都極端不真實，每個自命為人類者都是個發條人偶，怪誕地經歷著工作與遊戲的動作，愛、恨、思考的動作，雄辯滔滔、有如英雄、有如聖人的動作，或者你想做到的任何動作——這些機器人真是極端多才多藝。

【推薦&現代啟靈藥經驗】

啟靈藥復興與人類意識探索的永劫回歸

Onaya 死藤水薩滿　林麗純

接到地平線出版社邀稿撰寫意識研究經典之作《知覺之門》推薦序的當下，我剛結束在以色列啟靈藥會議（Psychemed Israel）的演講行程後不久，新聞傳來以色列在伊朗暗殺哈瑪斯領袖，伊朗揚言四十八小時內報復以色列，不斷升高的戰事與一觸即發的情勢之下，我放棄了訪友及前往卡巴拉聖城的計畫，在一陣慌亂之下訂了機票離開以色列來到牛津。

我坐在牛津魔法師家中的沙發上讀著撰寫推薦序的邀稿，以色列啟靈藥復興的先鋒研究者與文化造浪者的演講與對話歷歷在目，夾雜著戰爭的即視感，難以消化的情緒與荒謬極端的人性，一切的發生有如迷幻般不可思議絢爛，夾雜極端美好與無比恐懼的方式展開，一念天堂，一念地獄，如夢似幻卻又千真萬確，如同赫胥黎的書。

雖然在不同人生階段中我有許多不同身份與追尋，但是在一切都成為過往雲煙，我逐漸對自己的身份感到清晰，我是一個Onaya（Shipibo語中死藤水薩滿的意思），對這個身份感到認同歸屬之後，也逐漸在這個世界上找到自己的定位與存在的意義。

我從二〇一二年開始到秘魯學習死藤水，十幾年下來我一共經歷了超過七個不同死藤水部落的儀式，正式學習了Shipibo與Mestizo這兩個傳承的死藤水，意思是我學習這兩個部落的語言，與這兩個部落的重要薩滿完成長期的植物齋戒，能夠以這兩個部落的語言吟唱植物巫歌Icaro，並且獲得部落薩滿的認同有能力主持死藤水儀式。

大部分時間我都是在死藤水儀式現場工作的薩滿實踐者，長期在亞馬遜雨林閉關學習的死藤水學徒多是離世隱居的，一不小心還會遁入植物的世界之中，難以過上一個正常人的生活。植物與迷幻的世界有屬於自己的邏輯與法則，呼應著一股推動著世界運轉的齒輪，在不為人知的幽微之處，啟靈藥復興像鍊金術般瓦解又聚合著，毀滅後創生的節奏，有如產婦的宮縮，一個全新的世界即將誕生，而我們正處在新世界誕生前的極端混沌之中。

去年我受邀在歐洲最大的啟靈藥會議Breaking Convention演講後，我從在儀式現場工作的死藤水薩滿身份，轉換到了在啟靈藥會議上演講的人，正式加入啟靈藥復興的一群吹醒世界號角手的先鋒隊伍當中。

憑藉著直覺與信念，我做好了戰爭隨時會爆發的準備，隻身前往以色列參加啟靈藥會議，在會議中發表演說。心心念念，想要在這片土地上找到與相思樹相關的猶太教靈性傳承的歷史淵源，並且與當地的啟靈藥社群連結。

以色列一直是啟靈藥文化研究的先鋒重鎮，在十多年前就推出了全世界第一個以MDMA作為心理治療的碩士學程，獨步全球。以色列啟靈藥會議是一個學術會議，參加者多半是教授、主持實驗室的科學家、文化研究者、生物化學家、心理醫師、研究迷幻物質法規的律師與啟靈藥創投公司等（是的，許多藥商積極的想要進入這個領域，想發現下一個能賺大錢的藥品），像我這樣在部落儀式現場工作的死藤水薩滿是少數中的少數，特別在以哈戰爭中全球反猶聲浪高漲，以色列受到國際杯葛，加上以色列現在是戰區，前來參加的外國人少之又少。

十月九日Nova音樂季恐怖攻擊事件中許多人在用藥的狀態下經歷駭人的恐怖攻擊，許多人在迷幻的狀態之下經歷被恐怖份子屠殺，親眼目睹親友被恐怖份子以慘無人道的方式性侵，暴力攻擊或是殺害。以色列也在不得已的狀況之下成為世界第一個研究在迷幻藥物影響之下經歷創傷的創傷症候群的國家，據統計以色列全國約有六萬人是Nova音樂季恐怖攻擊事件的創傷症候群患者。

我關注的是這次以色列啟靈藥會議中的「啟靈藥和平工作」的單元，有一位在英國大學教書的以色列人主持了一個死藤水計畫，在計畫中他邀請了巴勒斯坦人與以色列人一同參加死藤水儀式，試圖以死藤水的啟靈療癒意識狀態，來化解雙方千年的仇恨。會議中甚至邀請了來自西岸伯利恆的巴勒斯坦社會運動人士現身說法，這位曾經在以色列監獄服刑十年的「敵人」在死藤水儀式中向以色列人互相傾述彼此的傷痛，試著理解彼此，看到彼此「都是人」，在這塊土地經歷過無法想像的恐懼與摧毀人性的殘忍惡性循環後，在最絕望不可能的地方，點起一盞希望的光輝！

當主持這個死藤水計畫的以色列人跟這位巴勒斯坦人在現場互稱一句「兄弟，你好嗎？」的時候，我激動不已，在這片不被人理解的土地上，我看到了死藤水帶給這個世界的希望。

我認為，真正受到啟靈藥啟蒙的人無論是心胸或是頭腦心智都比一般人還要寬闊包容，那是一個允許互斥的概念抑或對立的立場同時存在，並且同時成立的啟靈空間。對我來說，這就是魔法的原點，也是我對於魔法與啟靈藥的世界著迷不已的原因。即使在戰爭中，以色列還是展現了啟靈藥精神的多元和平包容的內涵，將啟靈藥各方面的可能性推展至下一個全新的階段，這是一個人類的奇蹟！

我需要與人對話，來消化並試著理解在以色列發生的一切。

我覺得我需要對話的人正好是赫胥黎。

在牛津出版魔法書籍超過二十年的Morgan夫妻對我視如己出，他們提醒我赫胥黎當初就是在牛津巴利奧學院（Balliol College）取得文學學士學位，我走在巴利奧學院附近的街道，試著理解赫胥黎這個人，以及他對於後世的影響。

赫胥黎在一九五四年出版《知覺之門》，成為當代啟靈迷幻文化濫觴的經典之作，赫胥黎在書中記錄了他在使用啟靈藥物麥角酸二乙醯胺（LSD）和麥斯卡林後的深刻體驗，探討了這些藥物對於知覺的影響及其哲學意涵。即使在超過半世紀後，閱讀這些文字仍舊帶給探索迷幻心靈的新一代意識探索者深刻的啟發。

相信許多人跟我一樣，在探索迷幻異域的過程當中拜讀過《知覺之門》這本書，訝異於居然有人能夠將迷幻旅程的經驗，以如此充滿文化底蘊的洞見與語言詮釋出來，只要擁有迷幻經驗的人，多少都能在本書中找到一縷靈光乍現。

我穿梭在牛津的街道，試著想像七八十年前赫胥黎的生活，他如何能夠悟出來我們日常生活中的感知僅僅是我們心智限制下的反映，而這種限制可以透過啟靈藥物打破，讓我們得以一瞥「真實世界」的無限性。

我對於赫胥黎最重要的印象是他的小說《美麗新世界》中的野蠻人說出：「我不需要舒適，我要上帝，我要詩意，我要真正的危險，我要自由，我要善良，我要罪惡。」的這句話。這段話反映了赫胥黎對於極權主義社會中失去個人自由和深層次情感體驗的批判。

放在眼前腳下的世界，這些洞見像是鏡子般，照印著世界的走向。

赫胥黎認為，我們的感知被過濾和限制，以便我們能夠在這個複雜的世界中正常運作。但這樣的過濾同時也限制了我們對真實的體驗。他寫道：「我們的大腦是減少閥，而不是意識的產生者。」

在書中他也提到透過他在啟靈藥物影響下的經驗，討論了這些體驗與宗教啟示之間的相似性。他描述了如何在迷幻體驗中感受到一種無法言喻的「一體性」與「神聖性」。他寫道：「在迷幻藥物的影響下，我看到事物的真實樣貌，體驗到了不可思議的神聖。」在這些經驗中，物質世界的意義被重新定義，這種對物質的深層次感知使他反思了現代社會中物質主義的局限性。

「心靈本身就是一個世界，它能在自身中將地獄變成天堂，也能將天堂變成地獄。」這句話強調了心靈的力量與其對現實的塑造能力。赫胥黎指出，心靈的狀態可以改變我們對世界的感知，而迷幻藥物可以打破我們對現實的固定感知，使我們體驗到新的可能性。這種經驗讓人們看到了物質世界背後深層次的神秘性。

在我學習死藤水的過程中，我看到許多人被起迷幻經驗啟發，進而開始創作藝術，甚至開啟了藝術家生涯。這讓我不免想到書中提到藝術的功能與啟靈藥物的效果類似，都是打破日常感知的限制，揭示出我們通常忽略的現實層面。藝術通過重新詮釋現實，讓我們看到更深層的意義。

經驗過啟靈藥的人，最常提到這些意識擴張的旅程讓人「經驗」到一些人生大哉問的答案，例如「自我」、「宇宙」與「合一」。赫胥黎描述了迷幻藥物引發的「無我」體驗，在這種狀態下，個人感知到自己與宇宙融為一體，這種經驗常被描述為神秘體驗或宗教啟示。於是，赫胥黎說出「在無我狀態的最後階段，有一種『模糊的知識』：一切皆在一切之中，一切實際上是每一個。」

一邊閱讀本書，像是回顧了我的啟靈旅程不同階段的學習，如同尼采提到的「永劫回歸」般，我又再一次站在了這裡，看著這扇「眾妙之門」，試著記起當初穿越這扇門的自己，對自己說著：「透過牆上的門回來的人將永遠不會再與進去時的那個人相同。」

我在門的另外一頭等你。

關於本書

形塑人類心靈的藥物

在歷史進程中，比起為他們的宗教或國家而死的人，有更多上許多的人是為了他們的酒與藥而死。在這數百萬人之中，對於乙醇酒精與鴉片的強烈渴望，強過對神、對家、對孩子的愛；甚至強過對生命的愛。他們的哭喊不是為了爭取自由或死亡；而是為了爭取從奴役開始的死亡。這裡有個悖論，以及一個謎團。為什麼有大量的男男女女這麼輕易犧牲自己，就為了一個全無希望的目標，而且是以這麼痛苦又極盡羞辱的方式？

當然，這個謎團不存在簡單或單一的答案。人類是無比複雜的生物，同時活在半打不同的世界裡。每個個體都很獨特，而且在好幾種面向上不同於這個物種的所有其他成員。我們的動機沒有一個是純粹不混雜的，我們的行動沒有一個能回溯到單一的源頭，而且在我們有心研究的任何群體中，可觀察的類似行為模式，可能是許多不相似起因匯聚的結果。

因此，存在著一些似乎在生物化學上命定要酗酒的酒癮者。（如同德州大學的羅傑．威廉斯〔Roger Williams〕教授所證明的，在老鼠之中，有些生來就是酒鬼，有些生來就是禁酒主義者，絕對不會碰那玩意。）其他酒癮者注定如此，則不是因為他們生化構成中有某種遺傳缺陷，而是因為他們對於童年或青少年時期痛苦事件的神經質反應。另外一些人走上他們的慢性自殺之路，則只是模仿與好夥伴情誼的後果，因為他們「很優秀地適應了他們的團體」。——如果這個團體剛好有犯罪傾向、愚蠢或者只是無知，對於適應力良好的個人來說，這種過程就只能帶來災難。我們也絕對不能忘記有大批的成癮者，一開始用藥或飲酒是為了逃避身體痛楚。讓我們回憶一下，阿斯匹林是個非常晚近的發明。直到維多利亞時代晚期，「罌粟與毒茄參」，再加上莨菪與乙醚酒精，是文明人唯一可用的疼痛緩解劑。

「牙痛、關節炎跟神經痛有可能、也經常確實把男男女女逼成鴉片成癮者。」

舉例來說，德昆西[1]一開始訴諸鴉片，以便緩解「頭部讓人痛徹心肺的風濕痛」。他吞下他的罌粟，而在一小時以後，「從內在靈魂最深處多麼驚人的復活啊！何等天啓！」而且他不只是不再感受到痛了。「這種負面影響，被我面前敞開的廣闊無垠正面影響給吞沒，被突然就此揭露的神聖享樂深淵給吞沒……幸福的祕密，哲學家對此爭辯了這麼多年，就在這裡一舉被發現。」

「復活，天啓，神聖享樂，幸福……」德昆西的話語導引著我們，到達我們這個悖論謎團的最核心。藥物成癮與過度飲酒的問題，不只是有關於化學與精神病理學，或者尋求免於痛苦與順應惡劣社會的慰藉。它也是個形上學問題——我們幾乎可以說，是一個神學問題。在《宗教經驗之種種》（*The Varieties*

1 德昆西（Thomas Penson De Quincey，1785-1859）是英國散文家，著有《一位英國鴉片吸食者的告白》（*Confessions of an English Opium-Eater*，1821）。

of Religious Experience）中，威廉・詹姆斯（William James）觸及了成癮的這些形上學面向：

> 酒精對人類的影響力，無疑是因為它有刺激人性中神祕主義機能的力量，這種機能通常被冰冷事實與清醒時刻的枯燥評論，碾壓到腳踏實地。清醒限縮規模、做出區辨，並且說不。酣醉則擴張、聯合，並且說是。酒精事實上大大刺激著人身上說「是」的功能。它帶著它的信徒，從事物寒冷的周邊進入光芒四射的核心。它讓他在這一刻與真理合一。人之所以追逐它，不是因為純粹的變態墮落。對窮人與文盲來說，它取代了交響樂演奏會與文學的位置；而它是生命中更深的謎團與悲劇的一部分：我們立即承認極其優秀的某種事物，它微弱的氣味與微光，竟然只能透過就整體而言如此墮落的一種毒藥短暫的早期階段，才能透露給我們之中的這麼多人。酣醉的意識是神祕主義意識中的一丁點，而我們對它的整體意見，必須從我們對較大整體的意見之中，去找到它的位置。

威廉．詹姆斯並非察覺到酣醉狀態、神祕主義及前神祕主義狀態彼此相似的第一人。在五句節[2]當日，有人解釋使徒們奇特的行為，就這麼說：「他們無非是新酒灌滿了！」[3]

彼得很快就讓他們醒悟過來：「你們想這些人是醉了；其實不是醉了，因為時候剛到巳初。這正是先知約珥所說的。神說：在末後的日子，我要將我的靈澆灌凡有血氣的。」[4]

而這不只是因為透過「清醒時刻的枯燥評論」，沉醉於神的狀態才被比擬成酣醉。在努力表達不可表達之事的時候，偉大的神祕主義者自己也做了一樣的事。因此，亞維拉的德蘭（St. Theresa of Avila）告訴我們，她「把我們靈魂的中心視為一個地窖，在這樣做讓神喜悅的時候，神就讓我們進入其中，以便讓我們沉醉於祂的恩典美酒之中」。

---

2 五旬節（Pentecost）又稱聖靈降臨日，是復活節後第五十天、耶穌升天節後十天。

3 《聖經．使徒行傳》第二章第十三節。

4 《聖經．使徒行傳》第二章第十五到十七節。

每個發展完整的宗教，都同時在許多不同層次上存在著。它的存在是一組關於世界及其支配方式的抽象觀念。它的存在是一組祭儀與聖禮，是一個操縱符號的傳統方法，藉由這種手段，對於宇宙的信念被表達出來。它的存在是被這種符號操作所激發的愛、恐懼與奉獻的感受。

而到最後，它的存在是一個特殊類別的感受或直覺——一種所有事物在它們的神聖原則下合而為一的感受，一種（用印度教神學語言來說）「汝即彼」的實現，一個看似自明，與神合而為一的神祕體驗。

尋常的清醒意識是非常有用的，而且在大多數場合，是一種不可或缺的心智狀態；不過它絕對不是唯一的意識形式，也不是在所有情況下的最佳狀態。在超越尋常自我與尋常覺察模式的範圍之內，神祕主義者能夠擴大他的視野，更深刻地探查深不可測的存在奇蹟。

神祕經驗是有雙重價值的；它之所以寶貴，是因為它讓體驗者更了解自己與世界，也因為它可以幫助他過比較沒那麼自我中心，又更有創意的生活。

一位極為虔誠的詩人曾經寫過，在地獄裡，失落靈魂的懲罰是成為「他們流著汗的自己，不過更糟糕些」。在人間，我們不會比我們既有的樣子更糟；我們只是我們流著汗的自己，就這樣。

可嘆的是，那樣就夠糟了。我們愛自己愛到偶像崇拜的地步；但我們也強烈地厭惡我們自己——我們發現自己難以言傳地無聊至極。與這種對偶像崇拜自我的厭惡相關聯，我們所有人之中還存在著一種慾望，有時潛伏著，有時則有意識而熱烈地表達出來，就是想要逃離我們的個體性造成的囚牢，這是一種自我超越的衝動。我們的神祕主義神學、性靈訓練與瑜伽，也都多虧了這種衝動——我們的酗酒與藥物上癮，也要歸咎於此。

現代藥理學給我們一大堆新合成製品，但在自然發生的心智改變物的領域中，它並沒有做出根本的發現。所有植物性鎮定劑、刺激物、幻視揭露劑、幸福促進劑與宇宙意識喚醒劑，都是在數千年前就被發現了，早於歷史的黎明。

在許多不同文明程度的許多社會裡，都有人做過嘗試要融合藥物的迷醉與對神的陶醉。舉例來說，在古希臘，乙醚酒精在地位已確立的宗教中有其地位。戴奧尼索斯，或者他常被稱呼的巴克斯，是個真正的神祇。他的崇拜者稱呼他是「解放者」（Lusios），或者「神酒」（Theoinos）。後面這個名字，把發酵葡萄汁與超自然套疊成單一的五旬節式體驗。「生而為神，」尤里匹底斯（Euripides）寫道：「巴克斯被倒出來，做為獻給眾神的奠酒，而透過他，人接收到善。」不幸的是，他們也接收到傷害。酒精成就的自我超越至福經驗必須付出代價，而且代價過度高昂。

完全禁絕所有心智改變化學藥劑的法令可以被頒布，但不可能強制執行，而且通常這個做法創造出的罪惡，比它糾正的還多。比這還更令人不滿的，是完全容忍與不限制可得性的政策。在十八世紀初年的英格蘭，便宜未課稅的琴酒——「一便士喝到醉，兩便士喝到爛醉」——讓這個社會陷入徹底道德敗壞的威脅。一世紀之後，鴉片以鴉片酊的形式，讓工業革命的犧牲者跟他們的命運和解——但卻是以上癮、疾病與早逝作為駭人的代價。今日大多數的文明社會，遵循的是介於完全禁絕與徹底容忍這兩個極端之間的路線。某些改變心智的藥物，像是酒精，在付出極高的稅以後得到許可，能夠販售給大眾，這樣通常能限制其攝取量。其他心智改變藥劑是不能取得的，除非有醫師囑咐——或者從毒販那裡非法取得。以這種方式，問題被維持在可控範圍之內。問題肯定沒解決。在他們對自我超越無止盡的尋求之中，數百萬潛在的神祕主義者變成了上癮者，犯下數萬宗罪行，涉及數十萬起本來可以避免的意外。

我們必須以這種令人沮喪的方式，沒完沒了地繼續下去嗎？直到幾年前為止，對於這樣的問題，答案會是一句悲傷遺憾的「對，我們必須如此」。今日，多虧近期的生化學與藥理學發展，我們得到一個可行的其他選項。我們看到，可能很快我們就可以用化學上的自我超越方式達到某種成就，勝過我們過去七十或八十個世紀以來極其蹩腳的作法。

一種強勁藥物有可能完全沒有傷害性嗎？或許不可能。不過生理上的代價肯定能夠削減到變得可忽略的程度。現在有一些強力心智改變藥劑，作用時不會損害服用者的身心有機組織，也不會刺激他做出像罪犯或瘋子的行為。生化學與藥理學正要開始進入佳境。在幾年之內，可能就會有數十種強勁但——從生理上或社會上來說——非常實惠的心智改變藥劑上市。

有鑒於我們已經擁有的強勁卻幾乎無害的藥物；最重要的是，有鑒於我們無疑很快就會擁有的這些藥物——我們應該立刻開始認真思考新心智改變藥劑的問題。它們應該如何被利用？它們可能如何被濫用？人類會因為它們的發現而變得更好更快樂嗎？或者變得更糟更悲慘？

此事需要從許多不同觀點來加以檢視。這是生化學家與醫師、心理學家與社會人類學家、立法者與執法官員同時要面對的問題。而到最後，這是倫理學問題也是宗教問題。遲早——而且越早越好——各式各樣相關的專家必須見面討論然後決定，有鑒於可得的最佳證據與最有想像力的那種先見之明，應該要做些什麼。在此同時，讓我們先初步檢視這個有多種面向的問題。

去年美國醫師開了四千八百萬份鎮定藥物處方，其中有許多份曾經再度開立，可能不止一次。鎮定劑是幾乎無害的新心智改變藥劑中最廣為人知的。大多數人都可以使用它們，不是確實完全無傷害，但生理上的代價低到合理程度。它們極大的普及性見證了這個事實：極多的人同時厭惡他們的環境以及「他們流著汗的自我」。在鎮定劑影響下，他們的自我超越程度不是非常大；但在許多例子裡，這樣足夠造就出悲慘與滿足之間的天壤之別。

理論上，鎮定劑應該只開給罹患型態相當嚴重的精神官能症或精神病的患者。不幸的是，在實踐上，許多醫師被時下的藥理學時尚沖昏頭，開立鎮定劑給形形色色的人。可以這麼說，醫療時尚的歷史，至少就跟女帽的時尚史一樣怪誕——至少一樣怪誕，而且既然冒著風險的是人命，悲劇性更高上許多。在當前的例子裡，並不真正需要鎮定劑的數百萬病患被他們的醫師開立了藥丸，而且學會在每個不適的處境下訴諸藥劑，不管狀況有多微不足道。這是非常糟的醫學，而且從服藥者的觀點來看，是可疑的道德與拙劣的判斷。

某些狀況下，甚至連健康之人都有理由訴諸化學方法來控制負面情緒。如果你真的克制不了脾氣，就讓鎮定劑來替你克制。不過對健康的人來說，每次一覺得惱怒、焦慮或緊張就動用化學心智改變藥劑，並不明智也不正確。太多緊張與焦慮可能削弱一個人的效能——不過太少也可能如此。有許多場合，我們覺得擔憂是完全恰當的，這時候過度平靜可能減損我們有效處理一個棘手情況的機率。在這些場合，從每種觀點來看，藉由自我控制的心理學方法，從內在引導並緩和緊張，都比藉由化學控制方法從外在強加的自滿態度來得好。

而現在讓我們來考量這個例子——可惜，不是一個假設性的例子——關乎兩個彼此競爭的社會。在社會A，鎮定劑透過處方可以取得，而且價格相對固定——這表示，實際上它們的使用是有限的，只給予領導社會上有錢有勢的少數人。這樣少數的帶頭公民，每年消耗掉數十億製造自滿情緒的藥丸。另一方面，在社會B，鎮定劑沒這麼隨意可得，而有影響力的少數成員，在最輕微的挑撥下，對於可能必要而且有生產力的緊張，並不會訴諸於化學控制。這兩個彼此競爭的社會，哪一個可能贏得這個競爭？領袖人物過度使用安慰糖漿的社會，有落後於領袖沒有過度鎮定的社會之虞。

現在讓我們考量另外一種藥物——仍然未發現，但可能即將出現——這種藥能夠讓人在常態下會覺得悲慘的情境中，還感覺快樂。這樣的藥物會是一種祝福，卻是一種伴隨著嚴重政治危險的祝福。藉由讓無傷害性的化學安樂隨處可得，一個獨裁者能夠讓整體人口甘心接受自重的人類不該接受的事態。專制暴君總覺得有必要藉由政治或宗教宣傳來補足武力。在這種意義上，筆的力量更勝於劍。但藥丸的力量更勝於筆或劍。精神病院裡曾經發現，化學約束比緊身衣或者精神醫學更有效得多。明日的獨裁政權會剝奪人的自由，但作為交換，會給他們一種儘管主觀經驗上來說很真實，卻是化學上導致的快樂。對快樂的追尋是人的傳統權利之一；不幸的是，快樂的達成可能到頭來與人的另一種權利——亦即自由——並不相容。

然而相當有可能的是，藥理學會用一隻手恢復它用另一隻手拿走的東西。化學誘發的安樂，可以輕易地變成個人自由的威脅；不過化學誘發的精力與化學強化的智商，也可以輕易成為自由最強的堡壘。我們大多數人靠大約百分之十五的能力在運作。我們能夠如何加強我們低得可悲的效能？

可得的方法有兩種——教育上與生化學上的。我們可以接受成人與兒童既有的現狀，並且給他們一種比我們現在給予的更好上許多的訓練。或者，藉由適用的生化學方法，我們可以把他們轉型成更優越的個人。如果這些更優越的個人得到了更優越的教育，結果會是革命性的。就算我們繼續讓他們接受現在時興而相當貧乏的教育方法，他們還是會很驚人。

事實上有可能透過生化手段製造出更優越的個人嗎？俄國人肯定這麼相

信。他們現在有個已經進行到一半的五年計畫，要製造「讓較高度的神經活動常態化，並強化人類工作能力的藥物」。這些未來心智增強劑的先驅，已經被實驗過了。舉例來說，目前已經發現給予大劑量的某些維生素——例如菸鹼酸與抗壞血酸[5]——有時候會製造出心靈能量的某種強化。結合兩種酶——乙二磺酸與三磷酸腺苷，在合併注射的時候，會增進神經組織中的碳水化合物代謝——可能到頭來也會有效果。

同時有多種剛合成、幾乎無傷害性的興奮劑，據稱也有良好成果。異丙煙肼（iproniazid），根據某些權威人士的說法，「似乎增加了心靈能量的總量」。不幸的是，大劑量異丙煙肼在某些例子裡可能極端嚴重的副作用！另一種心靈能量增進劑是一種烷醇胺，被認為增加了身體製造的乙醯膽鹼，一種在神經系統功能運作上有首要重要性的物質。有鑒於已經達成的成就，似乎相當有可能的是，在幾年之內，我們或許能夠靠生化學機制讓自己振作起來。

5 抗壞血酸（ascorbic acid）是維生素C的另一個名稱。

在此同時，讓我們全都熱烈祝福，俄國人在他們的藥理學冒險事業上處處成功。發現一種能夠增加平均個人心靈能量的藥物，並且在整個蘇聯大規模分配，可能就意味著俄國現有政府形式的終結。普遍化的智能與心理警醒度，是獨裁政權最強大的敵人，同時也是有效民主政權的基本條件。就算在民主化的西方，我們也用得著一點心靈能量強化。在教育與藥理學兩者之間，或許可以做到某些事來抵銷掉我們在生物素材上的劣化，基因學家經常呼籲我們關注此事。

讓我們現在從這些政治與倫理考量，過渡到某些新興心智改變藥劑會提出的問題：嚴格來說屬於宗教問題。我們可以透過研究一種天然心智改變藥劑的影響，預見到這些未來問題的性質，這種藥在宗教崇拜中已經使用好幾世紀了；我指的是北墨西哥與美國西南部的烏羽玉仙人掌。烏羽玉含有麥斯卡林——現在可以被合成製造——而麥斯卡林，用威廉·詹姆斯的話來說，「對人性中神祕主義機能的刺激」比酒精更強勁得多，而且方式更有啟發性得多，更有甚者，它達成這個效果要付出的生理與社會代價低得可忽略。烏羽玉以兩種方式製造自我超越——它引導服用者進入幻視經驗的他界，並且給他一種跟信徒同胞、整體人類、還有萬物神聖本質團結一體的感覺。

藉由合成麥斯卡林還有ＬＳＤ（麥角酸二乙醯氨），麥角的一種衍生物質，就可以複製出烏羽玉的效力。只要不可思議的小劑量，ＬＳＤ就有效，現在歐洲、南美、加拿大與美國的精神治療師正在實驗性地使用它。它降低意識與潛意識之間的藩籬，並且容許病患更深刻也更體諒地探查他自身心靈的隱蔽處。自我知識的加深，是在幻視、甚至是神祕經驗的背景襯托下發生的。

在種類正確的心理環境下施用，這些化學心智改變藥劑讓貨真價實的宗教經驗變得有可能發生。因此一個服用ＬＳＤ或麥斯卡林的人，可能突然不只是在知性上，而是有機地、經驗性地理解到，像是「神就是愛」或者「他要殺我，我毫無指望」[6]這種極其巨大的宗教肯定，其意義何在。

用不著說，這種暫時的自我超越不保證永久的啟迪，或者持續的行為改

6 出自《聖經・約伯記》第十三章第十五節。

善。這是個「無由的恩寵」，對救贖來說既非必然亦非充分，但如果恰當使用，對於接受它的人來說有巨大的幫助。而對於所有這樣的經驗來說，這都是真的，無論這經驗是自發地發生、是吞下正確種類的化學心智改變藥劑的結果，還是在進行一種「靈修」程序或身體苦行之後發生。

吞下藥丸可能促成真正宗教體驗的想法冒犯了某些人，但他們應該記得，每種宗教中的禁慾者，為了累積功德而施加到自己身上的所有標準苦行——齋戒、自願不睡與自我折磨——像心智改變藥劑一樣，也是改變普遍身體化學狀態、尤其是神經系統的強勁手段。或者請考量一般所知的靈修程序。印度瑜伽教導的呼吸技術，導致呼吸暫停時間延長。這又導致血液中二氧化碳濃度增加；而這一點的心理後果，是意識品質的改變。再者，牽涉到長時間極度專注於單一想法或意象的冥想，因為我不會宣稱我理解的神經學理由，可能也導致呼吸放慢，甚至是延長的呼吸暫停。

許多禁慾者與神祕主義者，在較長或較短的期間過著隱士生活的同時，實行他們改變化學狀態的苦行與靈修。所以說，一位隱士的生活，像是聖安東尼的生活，是極少有外在刺激的生活。但像是赫布[7]、約翰．李利[8]及其他實驗心理學家最近在實驗室裡證明的，一個人在提供極少外在刺激的受限環境中，很快會經歷到他的意識品質有所改變，而且可能超脫他正常的自我，到達聽見幻音或者看見幻視的程度，內容通常都極端不愉快，就像聖安東尼的許許多多幻視一樣，不過偶爾也會有快樂的幻覺。

男男女女都能藉由物理或化學手段，在真正的性靈之道中超脫自己，這對於吹毛求疵的理想主義者來說，似乎是某種相當令人震驚的事。但說到底，藥物或身體修練並不是性靈經驗的起因；只是它得以發生的場合。

寫到威廉．詹姆斯對氧化亞氮（笑氣）的實驗時，伯格森用幾句清楚易懂的句子總結了整件事。「心靈傾向就在那裡潛伏著，只等待一個信號，以便在行動中表現自己。它可能是透過它自身的性靈水準所做的努力，而從性靈上被

7　唐納德．赫布（Donald Hebb，1904-1985）加拿大心理學家，對神經心理學有卓越貢獻。

8　約翰．李利（John C. Lilly，1915-2001）美國醫師、神經科學家兼精神分析師，在一九五〇年代發展出感覺剝奪水槽（隔絕幾乎所有外在刺激的溫水槽），後來對迷幻藥物做了許多研究。

召喚出來的。但它也同樣有可能，是因為原本抑制它的東西受到抑制，因為一項障礙被移除，而在物質上被導出；而這種影響是透過藥物製造的，是完全負面的一種影響。」在此，因為任何物理上或道德上的理由，心理傾向是讓人不滿意的，透過藥物或禁慾修行移除的障礙，會導致一種負面而非正面的性靈經驗。這樣地獄般的經驗讓人極端痛苦，但也可能極端有益身心健康。存在著許多人，對他們來說，在地獄度過幾小時——他們自己做了這麼多事，才創造出來的地獄——可以帶來極大的好處。

生理學上毫無代價、或者幾乎毫無代價的神祕主義機能刺激物，現在開始出現了，而且它們之中的許多種很快就會上市。我們可以相當確定，當它們變得可以取得的時候，就會被廣泛運用。自我超越的衝動這麼強烈又這麼普遍，以至於不可能有別種發展。在過去，很少人有前神祕主義或者徹底神祕主義性質的自發性經驗；更少人願意承受為了替一個孤立個人做好這種自我超越的準備，而要進行的心理生理規訓。強勁卻幾乎沒有代價的未來心智改變藥劑，會完全改變這一切。前神祕主義與神祕主義經驗不再罕見，而會變得常見。一度是少數人的性靈特權，會變成許多人都可取得的。對於世界各地組織宗教的神職人員來說，這會引起一些史無前例的問題。對大多數人來說，宗教一直是關乎傳統象徵符號，以及他們自己對這些象徵符號的情緒、知性與倫理反應的事。對於直接體驗過自我超越，進入幻視以及與萬物本質合一的心靈他界的男男女女而言，僅只是象徵符號的宗教不太可能讓人非常滿足。就連寫得最美妙的烹飪書，瀏覽其中一頁都不能替代吃晚餐。我們受到規勸，要「嚐嚐主恩的滋味，便知道他是美善」[9]。

無論如何，世界的神職權威會有必要設法逐步接納新的心智改變藥物。他們可能以負面態度接受它們的存在，拒絕跟它們有任何關聯。在那種狀況下，一個潛在來說有重大性靈價值的心理學現象，會在組織宗教的尖籬笆外面顯現自己。另一方面，他們可能選擇以某種正面方式來接納這些心智改變藥物——確切來說怎麼做，我還沒做好猜測的準備。

9 《聖經·詩篇》第三十四章第八節。

我自己的信念是，雖然它們可能一開始是某種令人尷尬的東西，這些新的心智改變藥物長期來說，傾向於讓能取得藥物的社群有更深刻的性靈生活。許多人談論了這麼久的著名「宗教復興」，不會是集體布道大會或者上相的神職人員在電視上曝光造成的結果。它的發生會是生化發現的結果，這些生化發現會讓大量男女有可能達到一種激進的自我超越，以及對萬物本質更深刻的理解。而這種宗教復興同時會是一種革命。從一種主要關乎象徵符號的活動，宗教會被轉型成一種主要關乎經驗與直覺的活動——一種潛藏的日常神祕主義，並且為日常理性、日常工作與義務、日常人類關係賦予重要意義。

選自阿道斯・赫胥黎的《散文選集》（*Collected Essays*，*Harper & Brothers*，1958）。

知覺之門

The door of perception & Heaven and hell

作　者　阿道斯·赫胥黎（Aldous Huxley）
翻　譯　吳妍儀
封面設計　莊謹銘
內頁排版　高巧怡
行銷企劃　蕭浩仰、江紫涓
行銷統籌　駱漢琦
業務發行　邱紹溢
營運顧問　郭其彬
副總編輯　劉文琪

出　版　地平線文化／漫遊者文化事業股份有限公司
地　址　台北市103大同區重慶北路二段88號2樓之6
電　話　(02) 2715-2022
傳　真　(02) 2715-2021
服務信箱　service@azothbooks.com
網路書店　www.azothbooks.com
臉　書　www.facebook.com/azothbooks.read

發　行　大雁出版基地
地　址　新北市231新店區北新路三段207-3號5樓
電　話　(02) 8913-1005
訂單傳真　(02) 8913-1056
初版一刷　2024年9月
定　價　台幣380元

ISBN　978-626-98787-4-1

國家圖書館出版品預行編目 (CIP) 資料

知覺之門 / 阿道斯. 赫胥黎(Aldous Huxley) 著 ; 吳妍儀譯. -- 初版. -- 臺北市 : 地平線文化, 漫遊者文化事業股份有限公司出版 ; 新北市 : 大雁文化事業股份有限公司發行, 2024.09
面； 公分
譯自 : The door of perception & heaven and hell.
ISBN 978-626-98787-4-1(平裝)
1.CST: 靈修
192.1　　113013305